Carl Naumann (Hg.)

Rembrandt's Zeichnungen

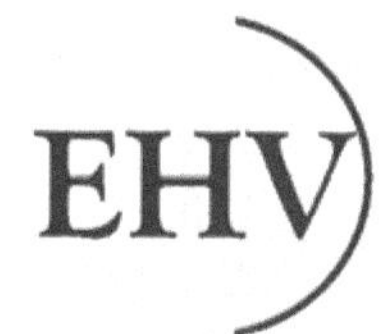

Naumann, Carl (Hg.)

Rembrandt's Zeichnungen

ISBN: 978-3-86741-640-5
Auflage: 1
Erscheinungsjahr: 2011
Erscheinungsort: Bremen, Deutschland

www.eh-verlag.de

Bei diesem Titel handelt es sich um den Nachdruck eines historischen, lange vergriffenen Buches aus dem Jahre 1919 (München). Da elektronische Druckvorlagen für diese Titel nicht existieren, musste auf alte Vorlagen zurückgegriffen werden. Hieraus zwangsläufig resultierende Qualitätsverluste bitten wir zu entschuldigen.

Rembrandt's Zeichnungen

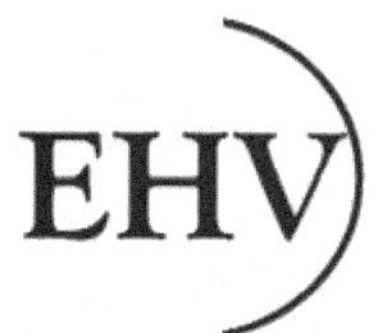

Rembrandt Handzeichnungen

Herausgegeben von
Carl Neumann

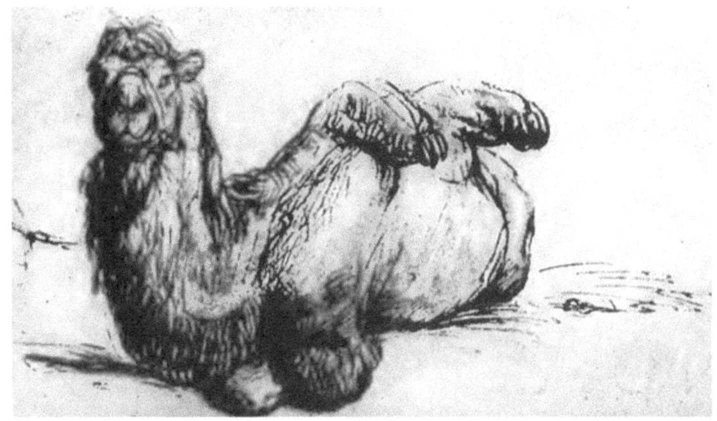

EXHIBITED AT THE PIERPONT MORGAN LIBRARY
XVII CENTURY NATURALISM: REMBRANDT'S STUDY OF A CAMEL

Dritte Auflage

Mit vierundneunzig Abbildungen

R. Piper & Co. / Verlag / München 1919

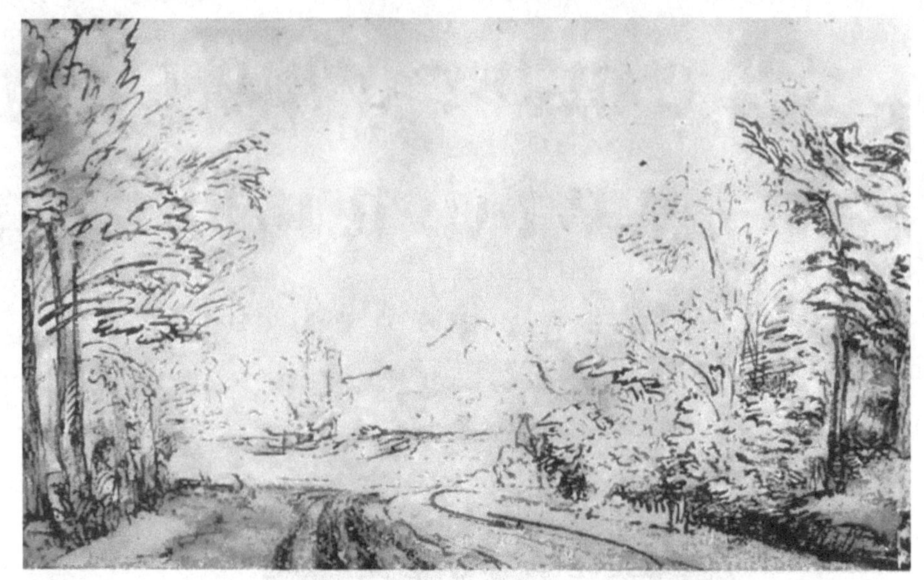

REMBRANDT : LA FERME DANS LA FORÊT.
(Collection F. Lugt, Maartensdijk.)

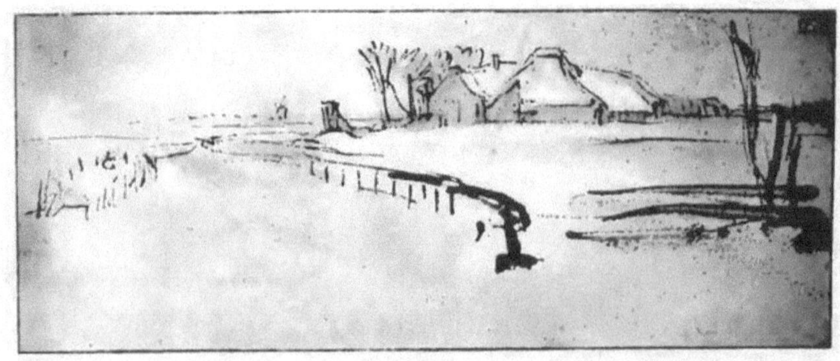

51. REMBRANDT, Winter Landscape
Courtesy of the Fogg Museum of Art, Harvard University

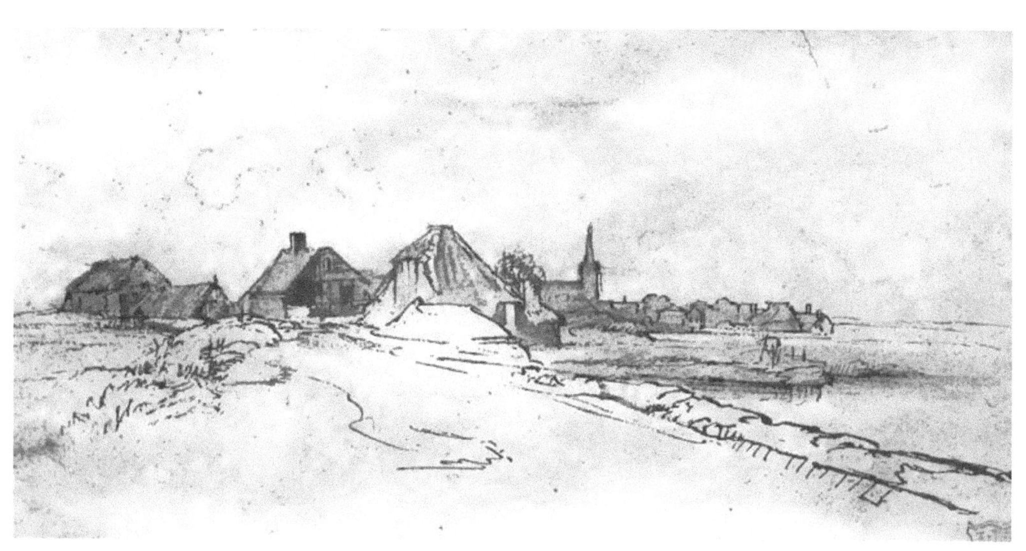

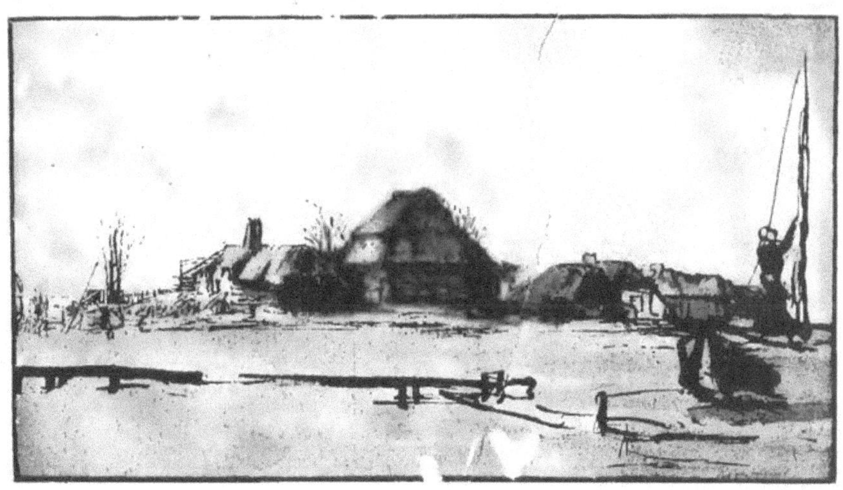

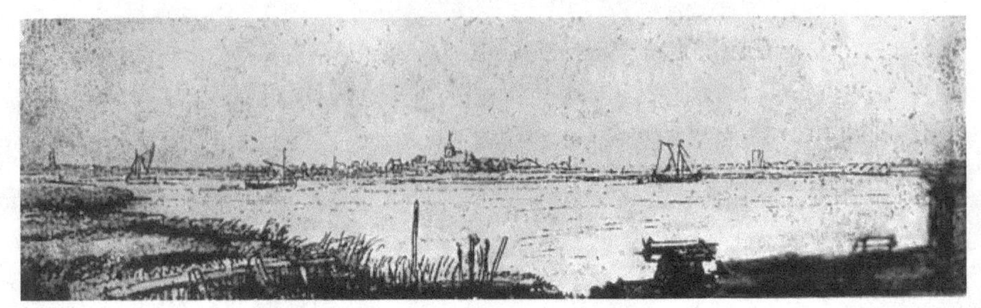

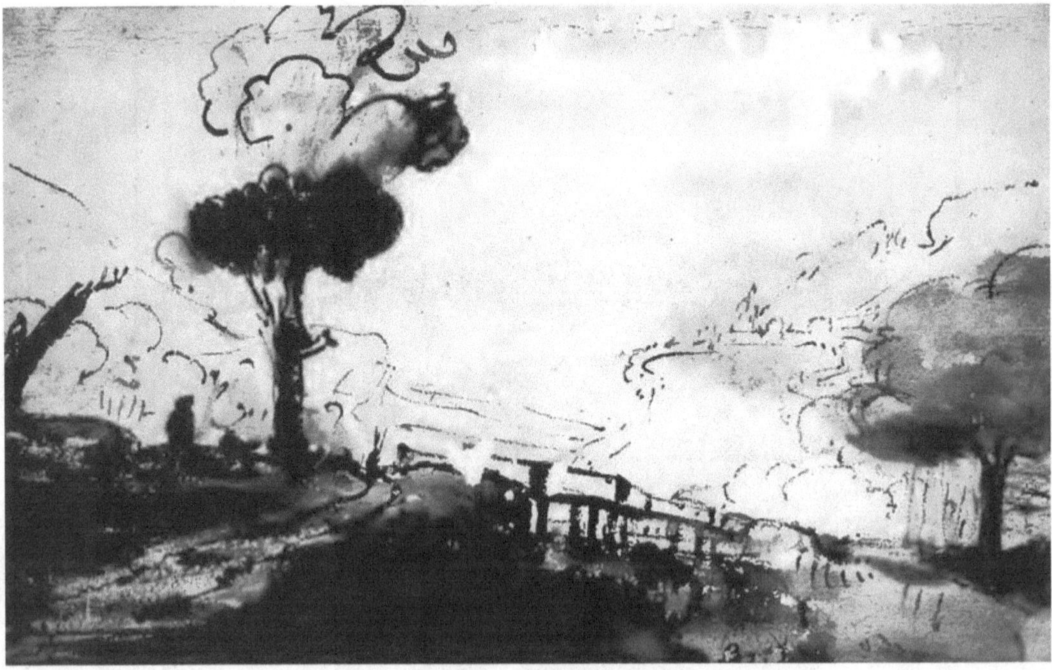

eine Emmausdarstellung (deren Vorlage verschollen ist). Christus ist entschwunden, sein Stuhl steht leer; der bis ins einzelne durchgeführte Ausdruck des Erstaunens, ja Ensetzens der beiden Jünger, die Zeugen dieses Wunders sind, wird von Houbraken (wohl in Mimik, Haltung, Bewegung) unübertrefflich gefunden. So sind weiterhin im 18. Jahrhundert, lange vor den heutigen mechanischen Verfahren der Wiedergabe, Zeichnungen Rembrandts durch Stich und Radierung vervielfältigt worden.

Die beiden genannten Beispiele lassen sehen, daß es verschiedene, ja entgegengesetzte Ausdrucksweisen in Rembrandts Zeichnungen gab, eine naturalistisch bis ins einzelne gehende und eine andere andeutende, bei der „wenig oder nichts zu sehen war", und daß beide Verfahren ihre Liebhaber fanden. Rembrandts Zeichnungsstil ist kein einheitlicher.

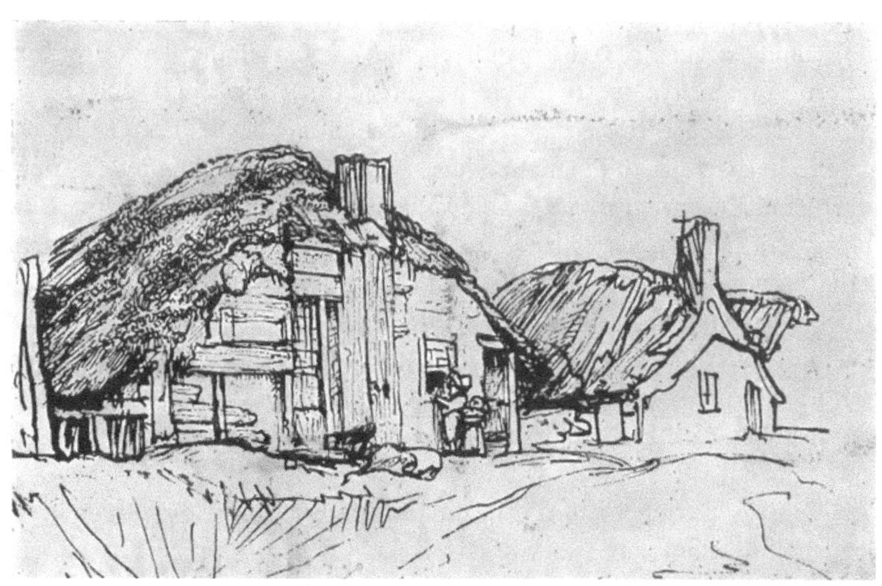

Die Ausdrucksmittel von Rembrandts Zeichnungsstil, vor allem den Wechsel derselben, der es ermöglicht, die Geschichte dieser Zeichnungen in Perioden zu gliedern, kennen zu lernen, ist eine Aufgabe, die uns nachher beschäftigen wird. Vor dieser Stilistik stehe hier eine Bemerkung über den Unterschied des Gegenständlichen. Auch hierin zeigen die Zeichnungen zweierlei Rembrandt: wenn man es grob sagen will, Rembrandt, den Illustrator, und Rembrandt, den unmittelbar die Natur Gestaltenden. Diese Einteilung braucht bestimmende Erklärung.

Unsere Formalästhetik ist in der Abgrenzung des Inhaltlichen, Novellistischen, Illustrativen vielleicht etwas weit gegangen. Einen antiken erzählenden Fries, ja ein Vasenbild pflegt man nicht Illustration literarischer Vorlagen zu nennen. Vielmehr überliefert die poetische Phantasie der Völker Vorstellungen, die bald literarisch-poetisch, bald bildkünstlerisch gestaltet werden. In diesem freien Sinne hat Rembrandt die Bibel und anderes „illustriert", wobei seine Freiheit der Bildgestaltung damit wenig verlor, daß er den Bibeltext genau kannte und sich zeitweise eng an ihn anschloß. Haben schon seine Radierungen und Gemälde dann und wann den nämlichen Bibelstoff ergriffen, so zeigen vollends die Zeichnungen einen und denselben Stoff vielfältig versucht und immer neu gestaltet. Mit dieser Unermüdlichkeit, sich selber zu übertreffen, geht die Mannigfaltigkeit der Stoffe Hand in Hand. Der mittelalterliche Stoffkreis ist für den Bibelleser des 17. Jahrhunderts weit überschritten; gegen Dürer, der die Passion, Marienleben, Apokalypse illustriert hat, fällt bei Rembrandt die Fundgrube des Alten Testamentes für Bildstoffe auf.

Statt Illustration und Darstellung des in der Natur Gesehenen gegenüberzustellen, kann man Illustration auch als Komposition ansprechen. Die erzählende Historie ist Kompositionsaufgabe. Indessen auch Genre, Bildnis, Landschaft, so sehr sie sich „vedutenhaften" Aufgaben darbieten können, sind der Komposition nicht entzogen. Was in diesem Sinne z. B. für ein Bildnis

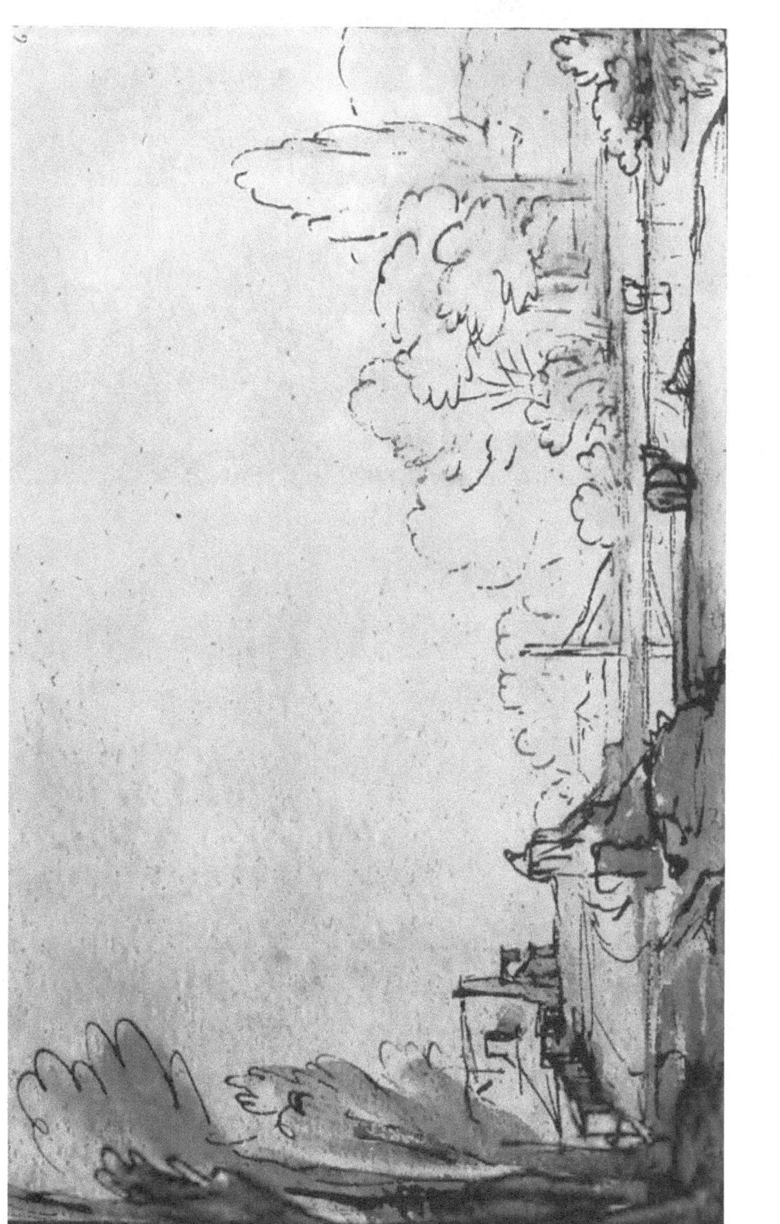

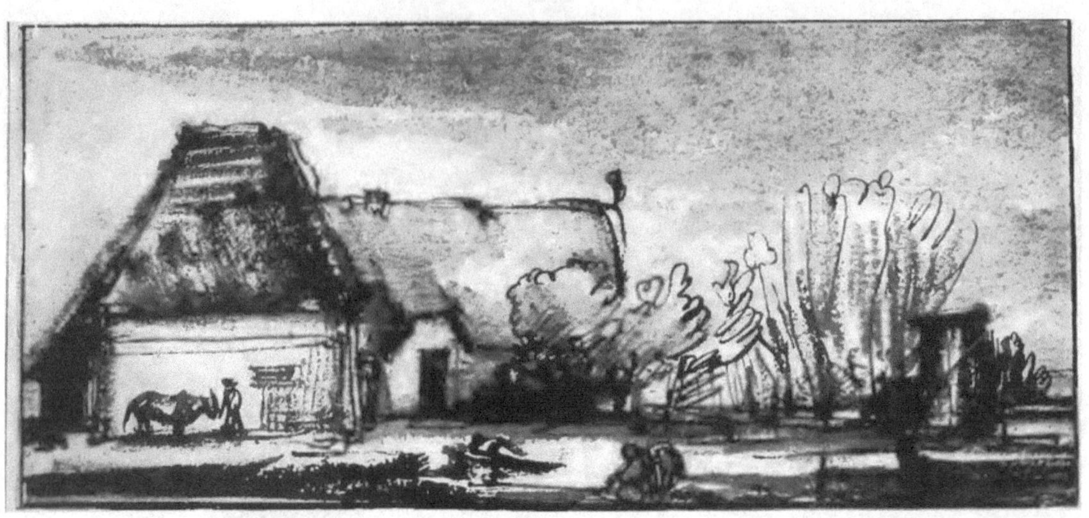

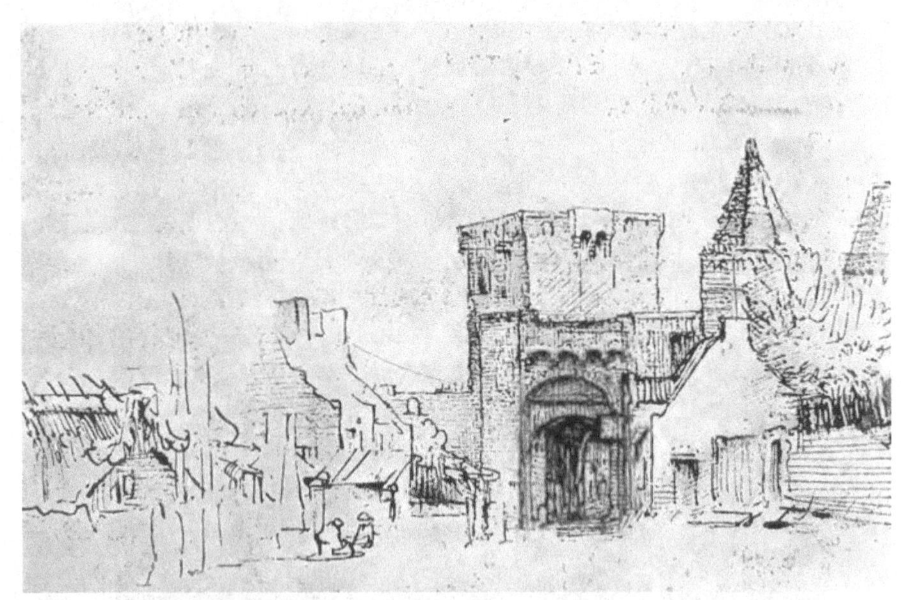

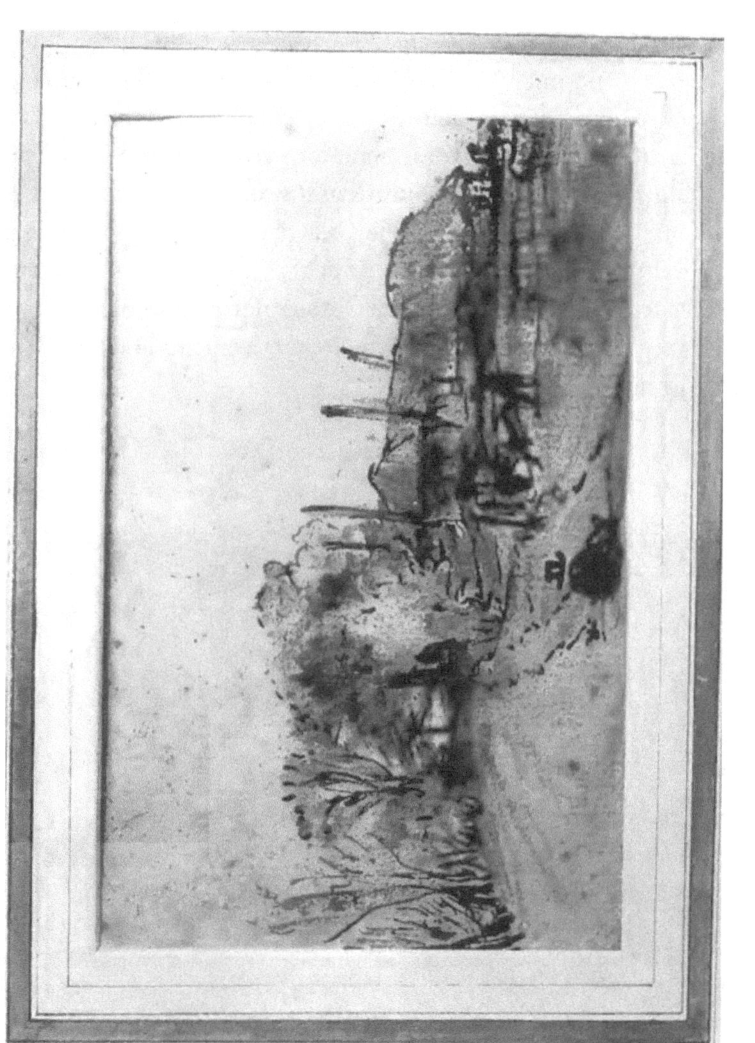

aussetzenden Fleißes erwächst der Formenschatz, der wie ein unerschöpfliches Kapital dem Künstler später zu Gebote steht, sein Gedächtnis speist und jeden Augenblick gegenwärtig und zur Verfügung ist; aus dieser Gewöhnung und Sicherheit erwächst auch die Bestimmtheit und Schlagkraft des Formausdrucks, die fast ohne Besinnen den Nagel auf den Kopf trifft. Ohne diese Unfehlbarkeit des Strichs, die ebenso über Kupferplatte und Leinwand wirkt, gäbe es nicht die Unmittelbarkeit und Frische, die man als Haupteigenschaften Rembrandts preist, die aber natürlicherweise in den Zeichnungen ursprünglicher und aus allererster Hand kommen, indes Radierblätter und Gemälde durch mannigfache Zwischenzustände und unvermeidlicherweise abkühlende Behandlung hindurchgegangen sind.

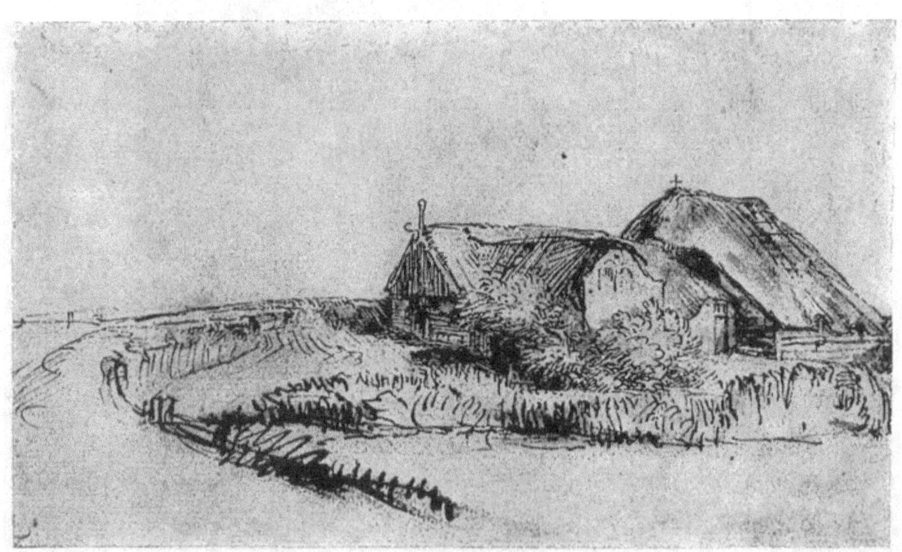

Mit Nadel und Stichel und Ätzflüssigkeit, mit Malen und Lasieren verglichen, ist das Handwerkszeug des Zeichners müheloser, folgsamer und mit wenigerBöswilligkeit und Tücke des Zufalls behaftet. In seinen Zeichnungen hat Rembrandt neben der Feder auch Kreide, Silberstift und Pinsel angewendet; Aquarellfarbe und Weiß kommen als Zutat vor. Man mag drei Stilperioden, die dreißiger, vierziger und fünfziger Jahre nebst den noch nachfolgenden (Rembrandt starb 1669), unterscheiden. Für die mittlere Zeit ist die malerische Helldunkelwirkung des gewaschenen Pinseltones Trumpf, und die Zeichnung wird oft zu einer einfarbigen Malerei. Mit anderen Mitteln erzielen die Kreidezeichnungen malerische Wirkung. Die Rötelzeichnungen reichen bis in den Anfang der vierziger Jahre, die mit schwarzer Kreide noch weiter hinein. Für die Zeichnung des Elefanten (Nr. 19) und seine farbig spielende Oberfläche nahm Rembrandt Kreide; um Nerv, Sehnen, Bewegung und Bewegungskraft des Löwen auszudrücken, nahm er meistens die Feder. Die Federzeichnung pflegt er durch sein ganzes Kunstschaffen hindurch; sie scheint am widerstandslosesten seinem Gedanken zu folgen, sie ist umweglose Übersetzung seiner Anschauung in Kunstform. Sie verändert sich, so wie sich seine Kunstanschauung und seine Kunstsprache ändert, so daß sich Federzeichnungen der drei genannten Perioden einigermaßen sicher von einander abscheiden. Vom Pinsel manchmal unterstützt, bleibt doch die Feder das Hauptwerkzeug seines Zeichnens, indes das 18. Jahrhundert den weicheren, malerischen Kreidestrich vorzog.

Indem wir versuchen, Rembrandts Zeichenstil zu periodisieren, sei vor einem doppelten Mißverstehen gewarnt. Man hat sich auf geschichtlichem Gebiet, überwältigt von naturwissenschaftlichen Einflüssen und Erfolgen, zu viel darauf eingelassen, von Entwicklung zu sprechen. Hier ist nicht der Ort, all die Nebenursachen zu nennen, die dieses Dogma haben Wurzel schlagen lassen. Genug, es geht zu weit, spätere Zustände als ursächlich notwendige oder gar als höhere und bessere entwicklungsmäßig zu erklären. Ferner hat es der Kunstmarkt in Mode gebracht, in angelsächsisch reklamehaft superlativischer Gewöhnung von der „besten Zeit" eines Meisters zu reden. Zeitweise verstand man darunter für Rembrandt die Periode des goldenen Tons, zeitweise die Spätzeit. Mit anderen Kunsthändlerausdrücken haben auch diese auf die Wissenschaft abgefärbt. In Wahrheit gibt es keine „beste" Periode Rembrandts. Es ist das Eigentümliche der Größe und die Gewähr ihrer Dauerwirkung, daß der Reichtum ihrer Entfaltung es ermöglicht, dem Verlangen und dem Geschmackswechsel folgender Zeiten immer eine Seite zukehren zu können, die schön gefunden wird, nährt und befriedigt.

Man könnte sich denken, daß Liebhaber die Federzeichnung von Rembrandts Zeit der dreißiger Jahre, also der Frühzeit, ebenso für die schönste schätzen, wie manche die reine Radierung der früheren Zeit den gemischten Techniken der Spätzeit vorziehen. Auch ist in mancher Beziehung die Zeichnung der dreißiger Jahre ein reinerer und der künstlerisch sachlichere Abdruck der frühen Kunst des Meisters als seine anspruchsvolleren Werke. Dies ist so gemeint:

Der jugendliche Rembrandt war wohl die stärkste Kunsterscheinung im 17. Jahrhundert Hollands. Man fühlt es noch an seinem ersten Biographen, Houbraken, der ihn von den bestimmenden Zügen seines Jugendwesens her als Naturalisten konstruiert hat, als den Antipoden der Akademie, der, statt nach

„gereinigtem“ Modell zu studieren, wahllos die Natur abschreibe und ein gefährlicher, irreführender Lehrer sei. Die Kunst „soll . .“, heißt es hier; Rembrandt aber habe diese heiligen ewigen Gebote verletzt; darum nutze all sein Genie nichts. Natürlich ist es völlig unrichtig, den ganzen Rembrandt als „Naturalisten“ zu erledigen. Indessen machen es die Zeitumstände, in die seine Jugend fiel, erklärlich, daß für viele dieser Charakter an ihm hängen zu bleiben schien. Eine doppelte Mitgift brachte ihm die Zeit. Erstlich den Naturalismus italienischen Ursprungs, der von Caravaggio kam und, wie jede Reaktionsbewegung, ein Stück der Gegnerschaft, an der sie sich gerieben, mit in sich aufgenommen hatte. Das falsche Pathos, die große Geste wirken durch die Ernüchterung des neuen Stils noch falscher; übertreibende Beleuchtungsgegensätze taten das ihre.

Zu diesen Überresten des Italianismus, den überlebenden italienischen Phrasen und theatralischen Gesten, dem Kontrapost und den überscharfen Licht- und Schattenstößen, wie sie in den Werken des jungen Rembrandt als Strandgut am Ufer liegen, kommt ein zweites, der dramatische Formwille der Zeit. Es war doch die Zeit von Shakespeare und Rubens und dem dreißigjährigen Krieg. Zwar wird eine lange Beschäftigung mit Rembrandt überzeugen, daß er seiner Natur nach so wenig Dramatiker war wie Goethe. Aber die Zeit forderte es, und der Jugendehrgeiz tat das seine.

Indem sich nun der junge Rembrandt im Kampf gegen den italienischen Klassizismus durchsetzte und von dem dramatischen Bedürfen der Zeit getragen wurde, konnte es nicht fehlen, daß sich der übermächtige Drang zur Natürlichkeit, die Mitgift Hollands, durch Rembrandts Genius gesteigert, polemisch überssteigerte und eine persönlich gereizte Färbung annahm. In den entscheidenden Leistungen, zumal in großen Gemälden, mit denen Rembrandt seine großen Schlachten schlug, begegnet manchmal etwas Unsachlich-Polemisches, unnötig Rohes, Plebejisches, Übertriebenheiten des Jugendstils, den Rembrandt nachher überwindet. Es sind die dauernden Anstöße geblieben, die „Beleidigungen des Schönheitssinnes“, wie sie den akademischen Geschmack von Houbraken bis zu Jakob Burckhardt „affrontierten“.

In dem Maße, wie die Zeichnungen keine großen Gelegenheiten waren, bei denen sich der Künstler erhitzte, unöffentlich in der Art von Selbstgesprächen, sind die Zeichnungen der ersten Periode vielen der gleichzeitigen größeren Werke überlegen. Sie sind sachlich, einfach, über die Maßen genial, und insofern kann man dem Urteil zustimmen, Rembrandt der Zeichner sei dem Maler um einige Schritte voraus gewesen (M. J. Friedländer).

Was hier von den Zeichnungen der ersten Periode zu sagen ist, soll nicht als Formel angesehen werden, die ausschließlich gilt. Eigentlich gibt es sogar in den abgegrenzten Abschnitten dieses großen Kunstschaffens keinen einheitlichen Stil. Wo Rembrandt an das Bild dachte, hat er anders gezeichnet, als wo er an die rahmenlose Erscheinung dachte. Er ist bald sauber und genau (wenn auch nie schülermäßig), bald flüchtig und schnell. Die berühmte Silberstiftzeichnung seiner Verlobten (Nr. 34) fällt doch durch die große Sauberkeit auf, mit der das Gesicht in den Rahmen des blumengeschmückten Hutes und der stützenden Hand hineingezeichnet ist. Die Mimik der Gesichter wird oft bis ins einzelne, bis ins Schauspielerhafte durchgeführt, durch alle Möglichkeiten durchgeübt (Köpfe Nr. 47). Zumal bei Vorzeichnungen, wo die Zeichnung nur die Probe einer in anderer Technik geplanten Ausführung war, mußte die gewünschte Wirkung mit aller Umständlichkeit gesucht werden.

Von solchen Fällen abgesehen, ist der Stil der Frühzeichnungen von größter Eigentümlichkeit. Ihr Strich gibt keine in abstrahierte Linie eingeengte Form. Da sich Flächen von anhaltend wechselnden Krümmungsverhältnissen nicht in einfach verlaufenden Linien berühren können, so trägt die Zeichnung dieser optischen Einsicht Rechnung und läßt eine Vielheit von Strichen flüssig durcheinander wogen, durcheinander fahren und sich durchschneiden. Dieses Hüpfen, Gleiten, Spritzen, Züngeln und Blitzen der Striche gibt keine umrissene, sondern eher eine umschmeichelte, eine nervös tastend als zitternd gefühlte Form. Sie sucht die täuschende Körperlichkeit ineinander geschüttelter, tauchender und sich hebender bewegter Flächen zu gewinnen. Es ist der Versuch, Bewegtes, Augenblickhaftes festzuhalten, ohne Gekrakel, Schnörkel, Willkür, jeder Strich voller Formempfindung, und bei allem fliegendem Atem voller künstlerischer Besonnenheit und Sicherheit. Dieser rein zeichnenden

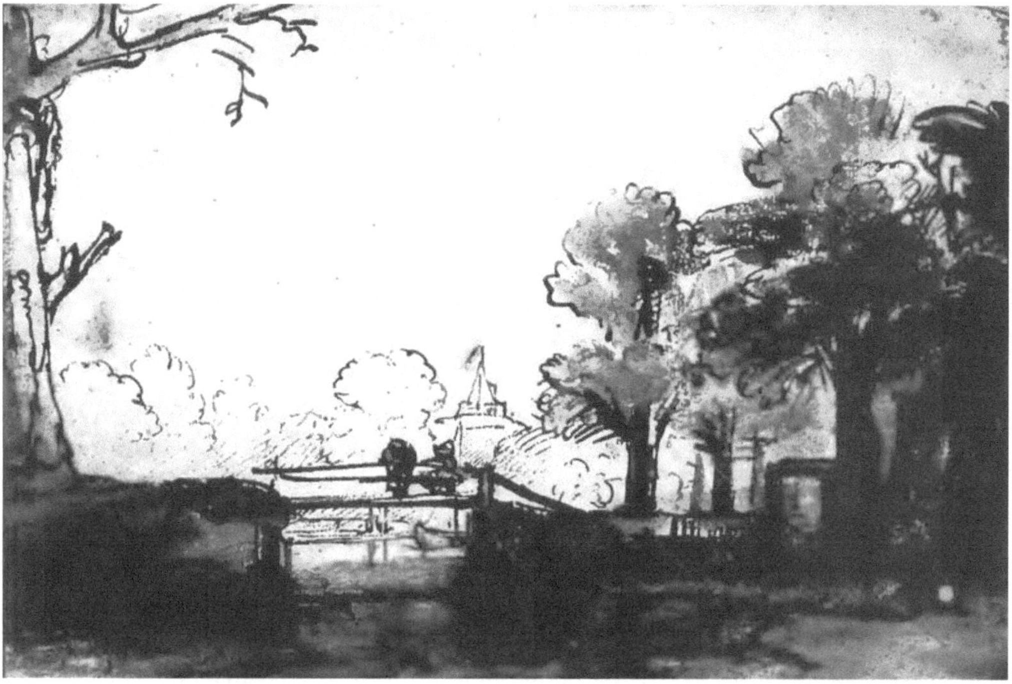

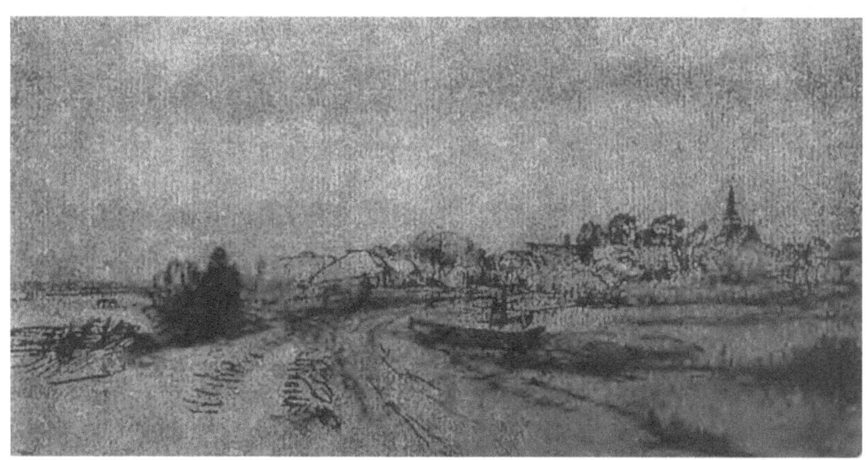

Von den Zeichnungen der mittleren Periode gilt in der Hauptsache, daß die Malerei nunmehr die neuen Probleme der Rembrandtschen Kunst löst und führend den Zeichnungsstil beeinflußt. Die Malerei gewinnt also den Vorsprung. Nachdem sich in Rembrandts großer Kunst der „Naturalismus" gegen die Reste des Romanismus und Italismus durchgekämpft hat und siegreich geblieben ist, wendet sich alles Bemühen dem Helldunkelproblem zu. Es ist mit dem Raumproblem vielfach ein und dasselbe. Die Einordnung der Figur in den Raum, das Lebendigmachen des Raumes in seinen zartesten Schichtungen, die Stufen des Sichtbaren, Halbsichtbaren und im Dunkel Geahnten, die Bewegung des Auftauchens und Verschlucktwerdens, das Atmen der Tiefe — alle diese Liturgie des Helldunkels wird in Radierung und Malerei vollzogen. Die Zeichnung kann auf dieser Stufe nicht recht mitkommen, ihre Selbständigkeit nicht behaupten. Es ist nicht mehr der ganze Rembrandt, der in den Zeichnungen der mittleren Periode steckt wie in denen der ersten. Ab und zu begegnen herrliche Blätter, wo die warmen Sepiatöne, die Gründe abstufend, hohe Raumschönheit und einen poetisch-musikalischen Duft feinster lyrischer Stimmungsseligkeit entfalten (Nr. 37).

Doch will es mir als zweifelhaftes Lob erscheinen, wenn von solchen Blättern gerühmt wird, sie wirkten „fast wie Gemälde". Auch geben Radierungen wie Gemälde in Tiefe und Kraft des Tons und gar der Farbe reichere Wirkungen her, umspannen ein längeres Griffbrett und klingen besser orchestriert, als was der gewaschenen Zeichnung zugemutet wird.

Gegen diese Periode hin setzt das Studium der Landschaft ein. In Malerei und Zeichnung wird sie für Rembrandt die Schule der Raumbeobachtung; sie erzieht das Feingefühl für Nähen und Fernen, für den optischen Gehalt des stärkeren oder schwächeren Strichs als Mittel, Luftperspektive auszudrücken. Indem die Landschaftszeichnung gern einfarbig wolkenlose Himmel stehen läßt, dunkle Versatzstücke silhouettenhaft gegen helle Gründe stellt, vereinfacht sie den Strich, wird sparsamer in den Mitteln und wirkt gegen das Vielstrichelige der vorhergegangenen Stufe.

Für Innenräume dagegen und Geschichten, die in solchen spielen, wird das Tonproblem herrschend. Überhaupt kommt es bei Rembrandt nicht von heut auf morgen; aber wenn er immer schon seine Zeichnungen, zumal wenn es Bildvorlagen sein sollten, in Ton gesetzt hat, so ist der Unterschied nun, daß der Zeichnungsstil durch die Verschiebung des Schwerpunktes abgewandelt wird. Rembrandts Interesse kommt an eine andere Stelle zu liegen, als sie zuvor durch jenes Sichheben und Senken der Formenbewegung der Figur bezeichnet war. Denn die Figur ist nun nicht mehr Hauptabsicht, sondern ihr Zusammenhang mit der Umgebung. Das Spannend-Suchende des leidenschaftlichen Strichs läßt nach und macht einer ruhigeren, zarteren, weicheren Modellierung Platz. Seit Rembrandts Neugier anderswohin gerichtet ist, darf sich der Umriß wieder melden, der zuvor fast geleugnet war, und mit dieser Umrißberuhigung stellt sich eine Art Umrißmelodik ein, die auf die Gebärdenäußerung stark einwirkt. Statt des wilden Ausfahrens der Arme kommt eine Neigung zur Geschlossenheit, ja zur Anmut der Bewegungen, die bei Rembrandt zunächst wie ein Fremdes überrascht. (Man vergleiche den schlafenden Jakob von Nr. 60 mit dem von Nr. 61.) Die schmeichelnde Poesie des Goldtons der Malerei findet also hier eine Parallele. Nie wie in dieser Periode ist eine schönende, glättende, „idealisierende" Hand in seinem Werk, ein lyrisches Sentimentales, das fast Konvention wird. Es ist der Rembrandt, der, gleich wie Memling, zuerst sein Publikum gefunden hat. Um dem Auge zu schmeicheln, muß die Zeichenfeder Seide und Sammet zu unterscheiden versuchen, wie in der Radierung der gleichen Zeit stofflich farbige Wirkung erstreben. Auch auf diesem Weg wird die Zeichnung, da Stoffschillern und Helldunkelausdruck durch Federschraffierung nur umständlich zu erzielen ist, zum Pinselton gedrängt und wird von der früheren Selbständigkeit hinweg zum Ersatz der Malerei herabgedrückt.

Lassen somit die Zeichnungen der mittleren Zeit ein Nachlassen und einen Rückschlag gegen die frühere Gespanntheit und witternde Schärfe aufgeregten

Suchens nach dem Einfangen figürlicher Form erkennen, so hat das mit darin seinen Grund, daß manches fest erworben und dauernd gewonnen ist. Die Natürlichkeit in Haltung und Bewegung ist einfach und unbefangen geworden und erlaubt, ohne physiognomische Überlastung des Gesichtsausdrucks, die ganze Gestalt am Ausdruck zu beteiligen; die „interessanten" italienischen Drehungsmotive finden sich allmählich als leere Manier ausgestoßen; überhaupt ist die Einzelfigur, ihr Aufbau aus den Kämpfen der Striche, ihr Bewegungsmotiv nicht mehr so wichtig, seit sie Teil eines Ganzen, seiner Stimmung geworden und in das gemeinsame Raumleben hineingezogen ist. Im übrigen aber haben alle diese so oder anders formulierten Stilmannigfaltigkeiten Rembrandts ihre Grenze in der Einheit seiner Natur. Eine Abneigung gegen geschlossenen Umriß bleibt und nährt sich an den wehenden Formen der Bäume in Wind und Luft. Der Landschaftsstrich ist auch der des Figurenstils. Alles Krumme und Faltige liegt Rembrandt mehr als das Gerade und Glatte. Neue Häuser mit regelmäßigen Kanten und horizontalen Dachfirstlinien hat er nicht geliebt. Ruinen gefallen ihm; er zieht alte Gesichter und altgewordene Häuser vor; die bröckelnde, humusbelebte, mit Unkraut wuchernde Linie war ihm lieber als der „reine" Umriß. So war seine Vorliebe für Windmühlenflügel ein dauernder Protest gegen alle klassizistisch melodischen Umrisse. Wobei man sich erinnern mag, daß der Klassizismus, je mehr er sich dogmatisch verhärtet, immer unduldsamer zu werden pflegt. Die Amorflügel auf Canovas bekannter kleiner Gruppe von Amor und der liegenden Psyche hat Thorwaldsen als „Windmühlenkontur" getadelt.

Der letzte Rembrandt hat auch als Zeichner sein besonderes Gesicht. Er ist nicht der reif Gewordene, wie man oft liest, in dem jeder seiner älteren Zustände aufgegangen und eingeschlossen wäre. Er ist ein anderer. Von dem letzten Rembrandt hat man ähnliches zu erwarten wie von dem späten Beethoven, dem späten Bismarck und Goethe.

Mit der in allem Kern- und Wesenhaften festgegründeten, unangreifbaren Sonderart geht eine gewisse Gelassenheit und Bequemlichkeit in den Außenposten der künstlerischen Betätigung Hand in Hand. Je persönlich unverwechselbarer seine Kunst geworden ist, um so herablassender wird sie in der Duldung und Benutzung gewisser Rezepte, Handgriffe, Überlieferungen. Besonders gilt das von kompositionellen Aufgaben. Wo er früher geistreiche, verwickelte Anordnungen gab, läßt er jetzt gewisse Hausmittel des monumentalen Akademismus zu, baut Architekturen, die wie Theaterszenen aufgestellt sind, frontal und regelmäßig, stellt Podien und Untersätze hin, um Figuren ohne viel Überschneidung stockwerkartig übereinander zu schichten; wenn nur die künstlerische Hauptabsicht an der gewollten Stelle zum Ausdruck kommt, so läßt er in dem, was er allmählich für Nebendinge hält, das Suchen nach Originalität, das ihn früher quälte, fahren und verachtet nicht mehr Symmetrie und Schema. In den gezeichneten Historienentwürfen gewinnt das Breitformat die Oberhand; es erlaubt friesartiges Auseinanderziehen; die Gruppen, die früher gedrängt waren, lösen sich; Überschneidungen und Verdeckungen werden einfacher. Das Erstgesehene ist nicht mehr die Gruppe, sondern die Einzelgestalt. Zu dem übersichtlichen Nebeneinander kommt das Übereinander, für dessen Anwendung Rembrandt immer schon seine Lieblingsmittel bereit hatte, Halbfiguren, die aus Logen, über Brüstungen in ein Parterre hinabblicken. Für ganze Figuren benutzt er zum gleichen Zweck Sockel und Fußgestelle. Die klare Abtrennung der Figuren und Gruppen hängt mit der Raumdeutlichkeit zusammen, die auf dieser Stufe ihre besondere Sprache hat. Was an den komponierten Zeichnungen der Spätzeit in die

Augen fällt, ist die Geräumigkeit ihrer Anordnung. Die Figuren stehen auf breiter und zugleich tiefer Bühne verteilt; jede hat ihren festbestimmten Raumplatz. Dieser Raum ist fühlbar, auch wenn er zeichnerisch nur schwach ausgeführt sein sollte, und die Abstände der Figuren sind, auch wo Schattierung fehlt, wahrnehmbar. Nicht nur im Zusammenbau, auch in der Einzelmodellierung der Figur spricht der Raum. Selbst wenn die Figur nur ein paar Umrisse und wenig Binnenschattenangabe hat, ihre Raumverdrängung wird gespürt, und das ist wohl der Grund, weshalb man die Figuren der Spätzeichnungen gern „statuarisch" genannt hat. Trotz sparsamer Schattenangabe ist die plastische Illusion gesteigert, trotz des Friesformats die optische Erscheinung alles eher als flachreliefmäßig. Der Strich, gleichweit entfernt von der Vielstricheligkeit der ersten Periode wie von dem weichen Umriß der zweiten, erscheint häufig abgesetzt, in der Art dessen, was man im Geigenspiel staccato nennt. Die Form ist nicht eine gegebene, sondern eine gesuchte, auftauchende und schwindende. Auch der Einzelausdruck der Formen des Körpers verändert sich. Die Gesichtsmimik wird so gut wie ausgeschaltet (sogar in der Bildniszeichnung); dagegen ist die Ausdruckskraft der Gesamtgestalt so stark und erschöpfend, daß ein besonderer Gesichtsausdruck eine Wiederholung wäre. Infolgedessen sind Rückenfiguren ebenso sprechend und im Charakter deutlich, als wenn man ihr Gesicht sehen könnte. Gewisse Ausführlichkeiten werden als kleinlich und entbehrlich abgestoßen. Über Rembrandts Art, Gesicht und Hände zu zeichnen, setze ich eine Stelle aus meinem Buch über Rembrandt her (2. Auflage S. 407): „Dem Laien muß gesagt werden, daß es sich für Rembrandt nicht darum handelte, eine Hand oder ein Gesicht korrekt zu zeichnen (wie man es von einem Schüler verlangt), sondern einen bestimmten Ausdruck von körperlicher Haltung oder Bewegung oder seelischem Zustand zu gewinnen. Für diesen Ausdruck kann e i n Finger oder in einem Gesicht z w e i Striche erschöpfend sein. Sind diese richtig beobachtet (was ungeheuer schwer ist), und stehen sie an der richtigen Stelle, so ist es gleichgültig, ob die Hand noch drei oder vier Finger und das Gesicht noch andere Züge zeigt. Jenes aber, das für den Ausdruck Entscheidende, muß richtig gesehen und muß auf dem Kunstwerk da sein. Es setzt ein ungeheures Können voraus, zu wissen, was spricht und daher sprechen muß, und was für die größere Deutlichkeit des einen am anderen ausgelassen werden muß. Eigentlich kann man bei großen Meistern über solche Punkte kaum debattieren. Die Pausen, sagte man von Beethovens neunter Sinfonie, seien so inhaltsreich wie die Töne." Daß Rembrandt so und nicht anders zeichnete, hat für den Kritiker, der in gewissen Fällen nach Beweisstücken der Echtheit fragt, etwas Mißliches. Mit der Vergleichung von Hände- und Ohrformen (bemerkte einmal G. Pauli) ist hier nichts zu machen, und die heikele Qualitätsfrage wird Hauptsache.

Den Spätzeichnungen ist eine besondere Einfachheit und Größe, Monumentalwirkung (die auch mechanischen Vergrößerungen standhält) und, wo die Zeichnung in Ton gesetzt ist, eine dekorative Fleckenwirkung eigen, die die Leuchtkraft der hellen Stellen erhöht. Erstaunlicherweise vollbringt schon die Zeichnung die breite Mache der Gemälde der späteren Zeit; wo nur mit dem Pinsel gezeichnet wird, kommen selbst für Rembrandt ungewöhnliche Wirkungen heraus (Nr. 14, 15). Vor der Absicht auf Großwirkung verschwinden Spielereien wie die der stoffausdrückenden Belichtung und Kleinfarbigkeit. Gegenständlich bleiben die Interessen in allen Schaffensperioden ziemlich gleich. Die Landschaftszeichnung fängt, wie gesagt, etwas später an. Die Tierdarstellung steht vielleicht von Haus aus in Zusammenhang mit biblischen Kompositionen, die Löwen mit der Danielaufgabe, mit der Geschichte von Hieronymus und Simson, aber auch mit Allegorien wie der sogenannten Eintracht des Landes; der Elefant kommt im Paradiesbild vor; Esel, Pferde, Dromedare eignen Stoffen der Patriarchengeschichte. Der Akt war in der Rembrandtschen Werkstatt eine Schulaufgabe, ohne den verhängnisvollen Irrtum, daß er in der modernen Welt eine Lebensaufgabe für die Kunst sei. Die bekleidete Figur zum sprechend lebendigen Ausdruck zu bringen, war die große Anstrengung. Man kann wohl den Akt mit einer Toga behängen; aber seit sich der Mensch in geschneiderter Kleidung bewegt, kann die Wahrheit der Darstellung nur erreicht werden, wenn man das Studium der Haltung und Bewegung im angekleideten Zustand nicht vernachlässigt. Von den Zeichnungen des Nackten durch Rembrandt wird niemand eine Verherrlichung des Körpers im akademischen Sinne der Renaissance erwarten.

Die Bildniszeichnung, von der wir eine Reihe (Nr. 33 bis 45) zusammenstellen, fängt mit dem stark individuell Umschriebenen und Genremäßigen an. Bei Braut und Schwägerin hat der Künstler eigenhändig Unterschriften beigegeben. Bei dem viel späteren Selbstbildnis in ganzer Figur ist die Unterschrift von fremder Hand (Nr. 38). Hier überwiegt Bildabsicht, freie Schöpfung und jenes Metaphysische, was man Charakterdarstellung nennt. Die Einzelform, sogar das Gesicht, tritt vor der Wucht der Gesamtform zurück. Die Rechnung, wie die Erscheinung auf die Fläche kommt, wie sie im Rahmen steht, beim Einzelbild die Silhouette von Körper, Kopf, Kopfbedeckung, beim Gruppenbild die Gesamtumrißlinie, wobei im Steigen und Fallen der Linie die Hüte wichtiger als die Köpfe sind, liegt in diesen Zeichnungen zutage.

Gleicherweise tritt bei den Entwürfen für Historie, bei den komponierten Zeichnungen, das allzuhistorische Hand in Hand mit der naturalistischen Darstellung zurück. An Stelle des einmaligen Geschehnisses tritt die freie poetische Wirklichkeit, zur bildlichen Anschaulichkeit geklärt. Alles tadelnd sogenannte Illustrative und Literarische ist verschwunden. Das erzählende Bild offenbart in diesen Zeichnungen sein höchstes Vermögen.

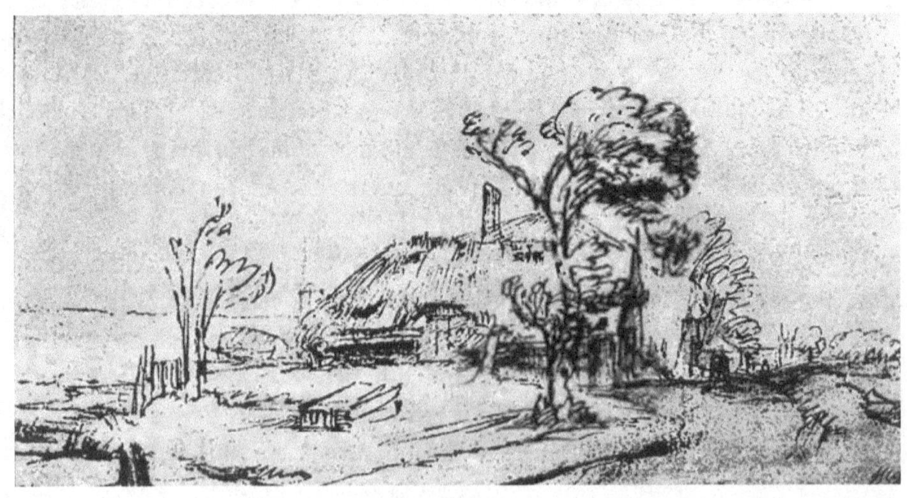

Von den Zeichnungen Rembrandts ist nur eine verschwindend kleine Zahl vom Künstler mit seinem Namen oder mit Jahreszahl versehen worden. Die Echtheit kann nicht von diesen Bestätigungen abhängig gemacht werden. Houbraken gibt (1718) an, es seien von Rembrandt so viele Zeichnungen da wie Radierungen, also etliche Hundert. Aber im erhaltenen Nachlaßinventar eines einzigen Malers, Jan van de Cappelle, werden 1680 allein 468 Zeichnungen Rembrandts, in Mappen nach Gegenständen geordnet, angeführt nebst einer Mappe, in der weitere 48 Blätter von Rembrandt und Pynas lagen. Der wissenschaftliche Katalog der Zeichnungen, den der holländische Gelehrte Dr. H. de Groot 1906 herausgab, zählt 1613 Nummern. Auch wenn wir die Echtheit eines Teiles dieser Blätter bezweifeln mögen, würde der Umfang des als einmal vorhanden anzunehmenden Korpus der Zeichnungen Rembrandts sicher nicht kleiner werden. Wir deuteten bereits an, daß von den Vorstudien des Künstlers für seine großen Bildaufgaben wohl das meiste von ihm selbst vernichtet worden sein mag.

Nun sind unter den Kritikern allemal zwei Arten, eine weitherzige, die sich die Möglichkeiten und den Spielraum der wirkenden Künstlerkraft nicht zu sehr begrenzt vorstellen möchte, und eine entgegengesetzte, die, von einem angenommenen Höchstniveau von Qualität geleitet, das Werk eines Künstlers vom Ballast des Minderwürdigen befreien will. Die Frage ist, ob in diesem Fall eine noch so flüssige Formel das allzu Subjektive der künstlerischen Bewertung ausgleichen und die zeitliche Befangenheit überwinden kann. Man mag zweifeln, ob z. B. unser im tiefsten Kern mit dem Vorurteil des naturwissenschaftlich Gesetzlichen und Entwicklungsmäßigen belastetes Zeitalter das Wesen des Genius versteht. Das Genie ist Überraschung und Rätsel. Das Erscheinen großer Staatsmänner und großer Künstler ist keine Art Notwendigkeit. Mit dem Wünschen und der Kausalrechnung allein bringt man es nicht über die Homunkulität.

Die Kritik der Zeichnungen kann von der Geschichte der Kritik der Radierungen Rembrandts lernen. Es gibt von einzelnen Radierungen Zustände und Probedrucke, die die von einer Seite her in Angriff genommene Ausführung, die andere Hälfte aber noch völlig weiß gelassen zeigen. Es gab und gibt Kritiker, die ein solches in Stücken arbeitendes Verfahren, das nur auf Grund peinlicher Vorlagen möglich ist, für unkünstlerisch und Rembrandts unwürdig erklären, und die genau zu wissen scheinen, was Rembrandt als Künstler dürfe und nicht dürfe. Tatsächlich hat selbst Goya für seine anscheinend wenig berechneten und wie Launen und Einfälle wirkenden Radierungen genaue Vorzeichnungen mit der Feder gemacht. Der Schluß auf Rembrandt liegt nahe.

Es bleibt bei aller Vorsicht und Weitherzigkeit gewiß, daß es viele unechte und ohne Grund Rembrandt zugeschriebene Zeichnungen gibt. Den Beweis dafür gibt das Vorkommen desselben Blattes in mehr als einem Exemplar. Hier kann nur eines echt, das andere muß Kopie sein. Wir legen Wert darauf, einen leidenschaftlich verhandelten Fall dieser Art in Abbildungen vorzulegen (Nr. 82 und 83) und verweisen auf die zugehörige Anmerkung.

Eine ähnliche Unsicherheit wie über die Echtheit waltet über die Frage der zeitlichen Anordnung. Die Stütze, die undatierte Zeichnungen an datierten Radierungen und Gemälden gleichen Gegenstandes finden könnten, darf nicht überschätzt werden. Gewisse Stoffe hat Rembrandt zu oft behandelt, als daß die Darstellung in einem Gemälde oder einer Radierung einen festen Punkt gewähren könnte. Auch bedeutet eine solche Redaktion keinen Abschluß. Neugestaltung des Stoffes und Selbstkritik gehen weiter. Die „Zustände" der Radierungen Rembrandts sind zahlreicher als bei anderen Künstlern; die pentimenti, wofür Goethe das Wort Reuezüge anwendet, sind auch in den Gemälden zahllos. Sollte Rembrandt mit Korrekturen vor seinen Zeichnungen haltgemacht, sollte er vorgezogen haben, lieber jedesmal eine neue Zeichnung zu machen?

Für ihn waren die Zeichnungen, die in seinen Mappen gesammelt lagen, nicht lediglich Kunstdokumente oder wie für den Kritiker kunsthistorische Zeugnisse, sondern Studiensammlungen. Kam er nach zehn oder wie viel Jahren über seine älteren Versuche, so scheute er sich nicht, nach dem Stand seines augenblicklichen Empfindens und Besserwissens hineinzukorrigieren. Er zerschnitt, veränderte, deckte mit weißer Farbe oder veränderte mit der Feder den Formcharakter, die Raumwirkung, die Bildwirkung. Dies ist manchmal sofort geschehen, oft aber auch in größerem Zeitabstand. Manche haben geglaubt, diese Fälle seien Korrekturen an Schülerzeichnungen. Wenn aber die Verbesserung nicht nur an einer Stelle angebracht, sondern über das ganze Blatt hingeführt und das Endresultat also Rembrandt ist, soll man glauben, der Künstler habe, so wie er gelegentlich Radierungen und Gemälde der Schüler retuschierte und übermalte und dies ausdrücklich vermerkte, Zeichnungen durch seine Korrektur adoptiert? Das Wahrscheinlichere ist, daß er eigene frühere Zeichnungen abänderte, und dies würde für die Zeitangabe nötigen, eine Doppeldatierung anzunehmen. Auch scheinen sich jene Beispiele, wo Rembrandt seine Mitarbeit und sozusagen seine Gevatterschaft durch Taufen auf seinen Namen selbst bezeugt, auf die Frühzeit zu beschränken, und die korrigierten Zeichnungen zeigen vielfach den späten, zeitlich von der Urfassung entfernten Stil.

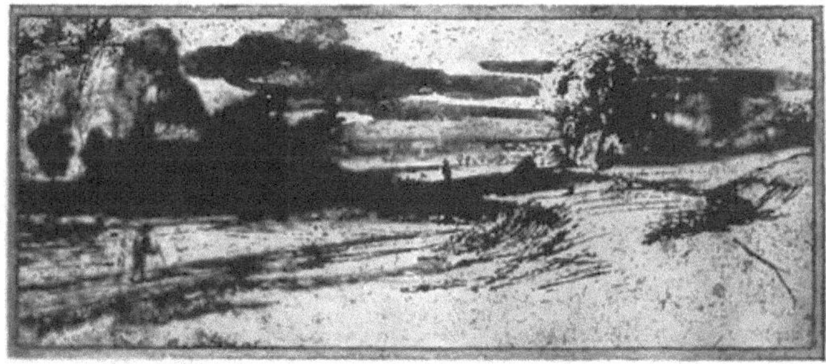

N° 142 du Catalogue.

REMBRANDT VAN RIJN

141. Femme à mi-corps. A la plume. Collections L. Galichon et Andreossy.

H. 115. L. 090.

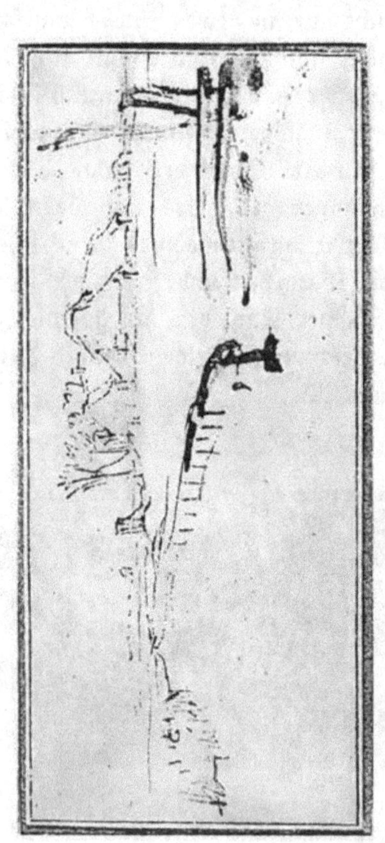

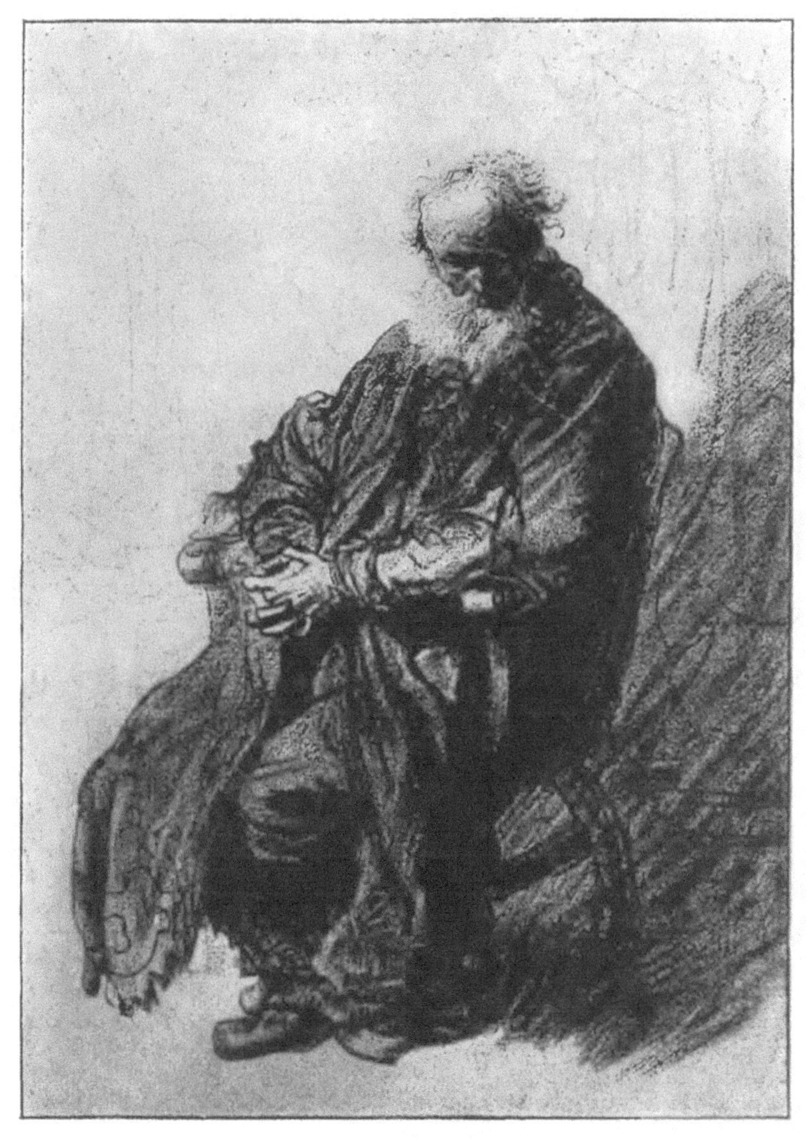

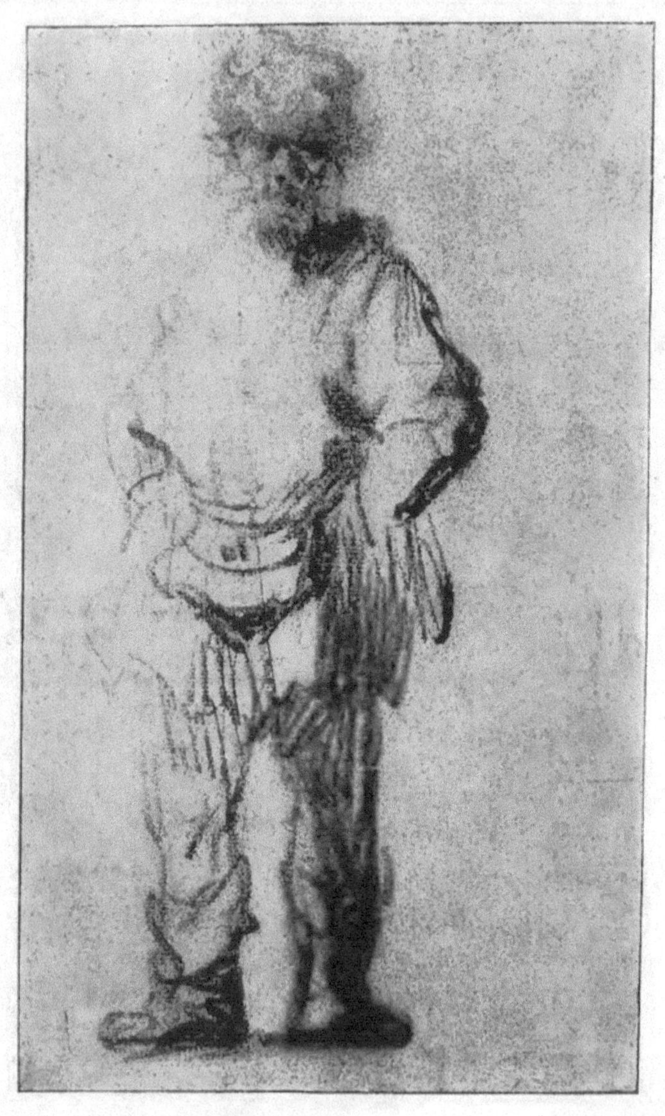

⟨2⟩

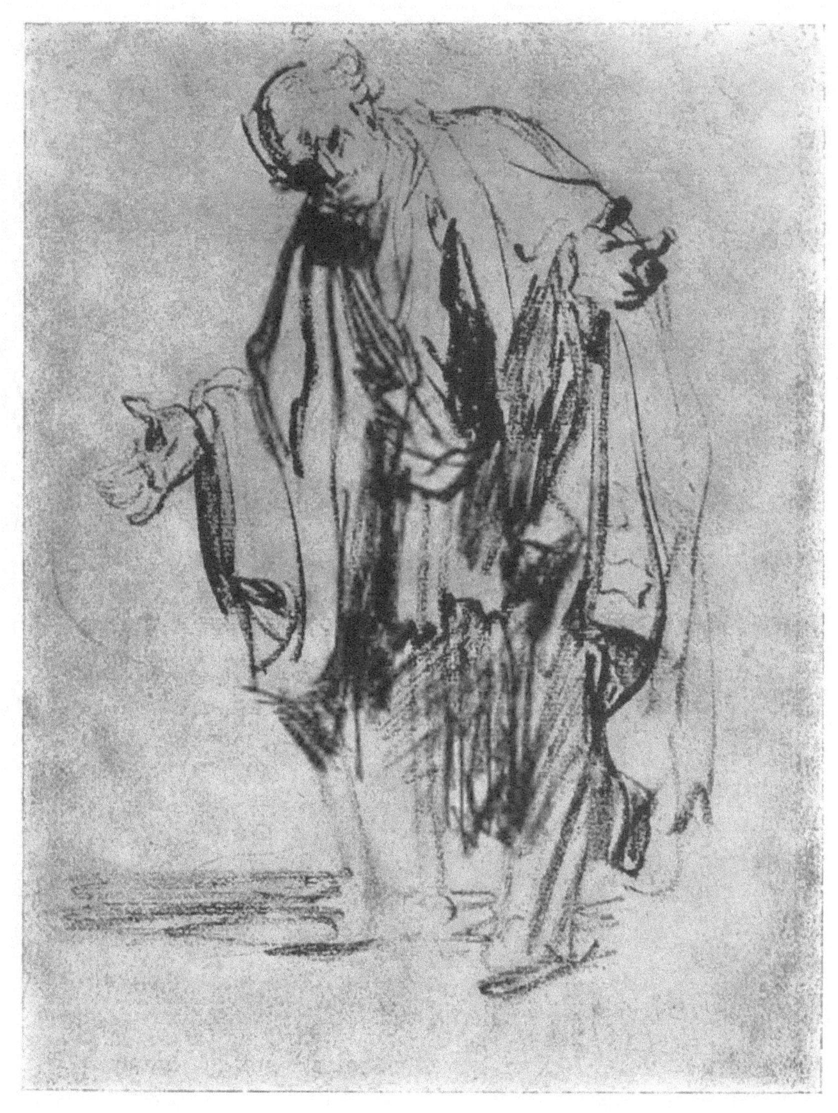

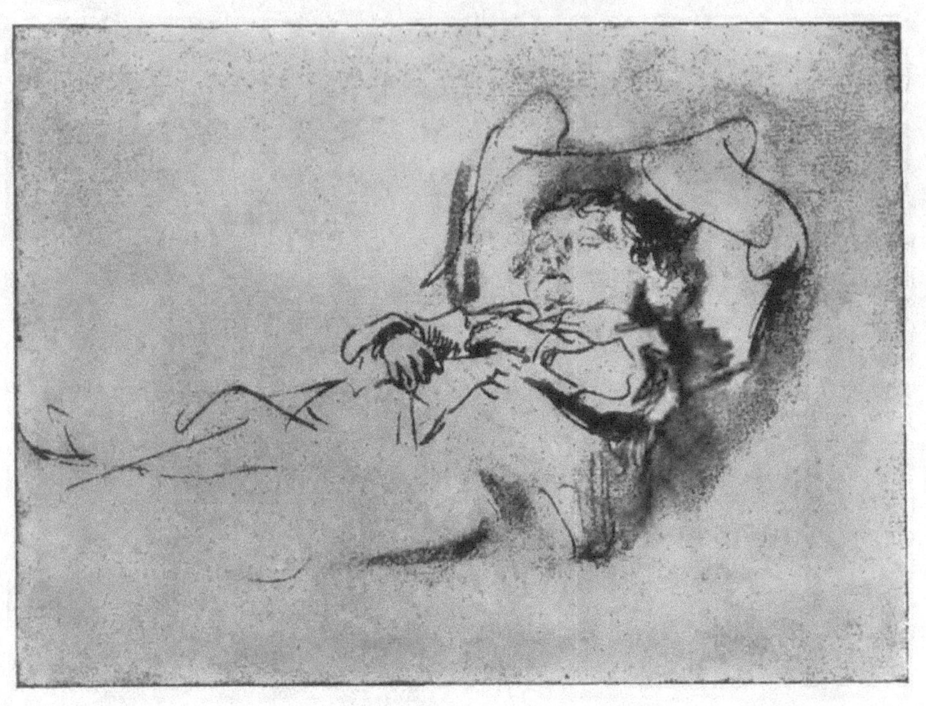

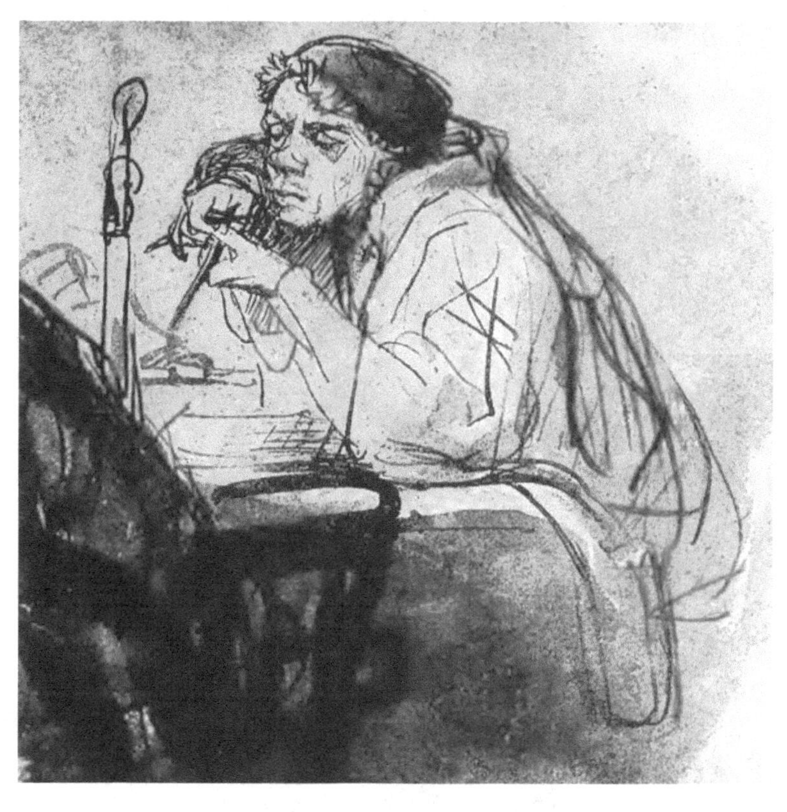

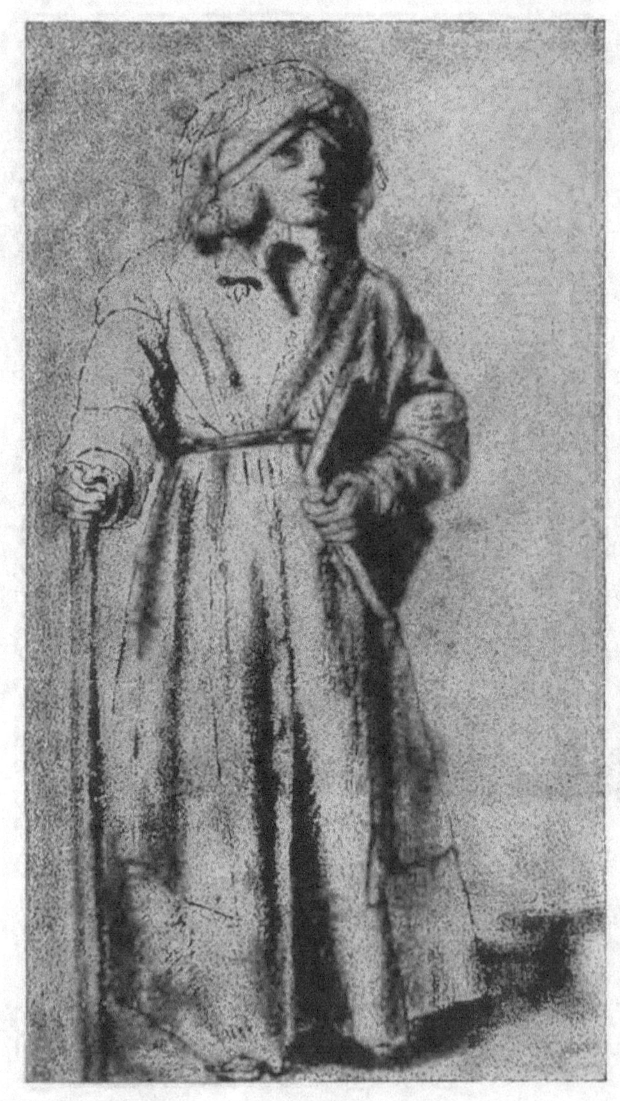

⟨6⟩

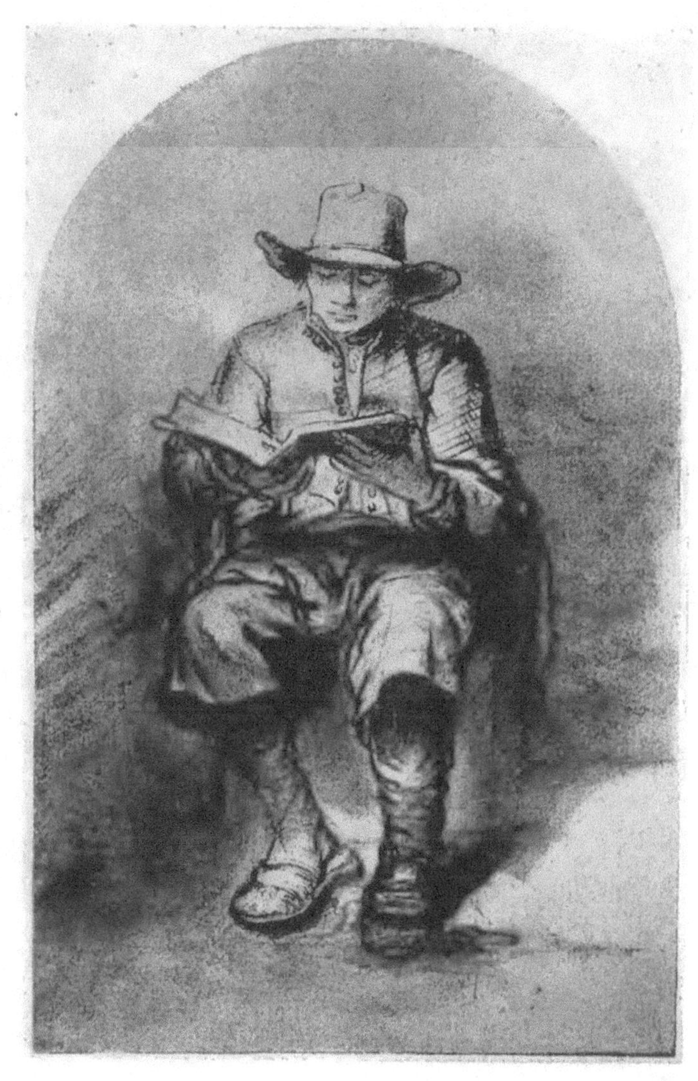

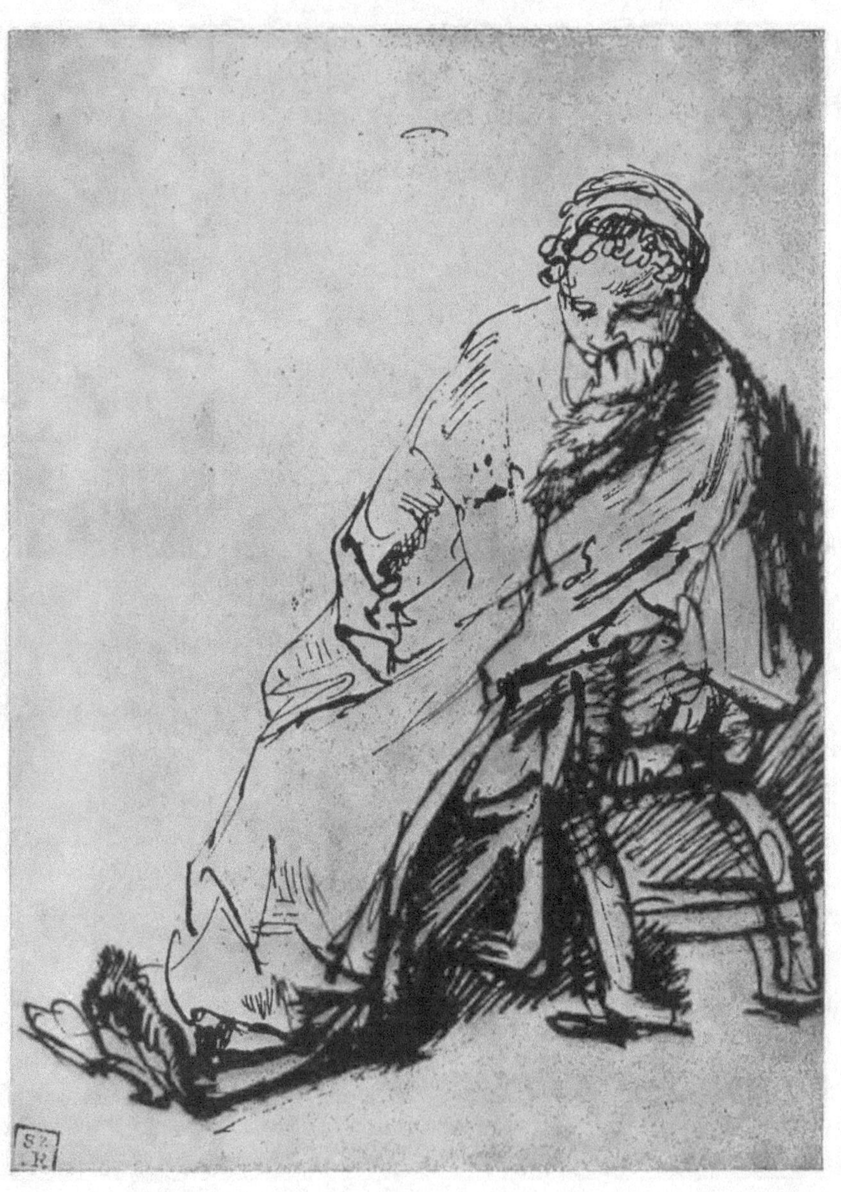

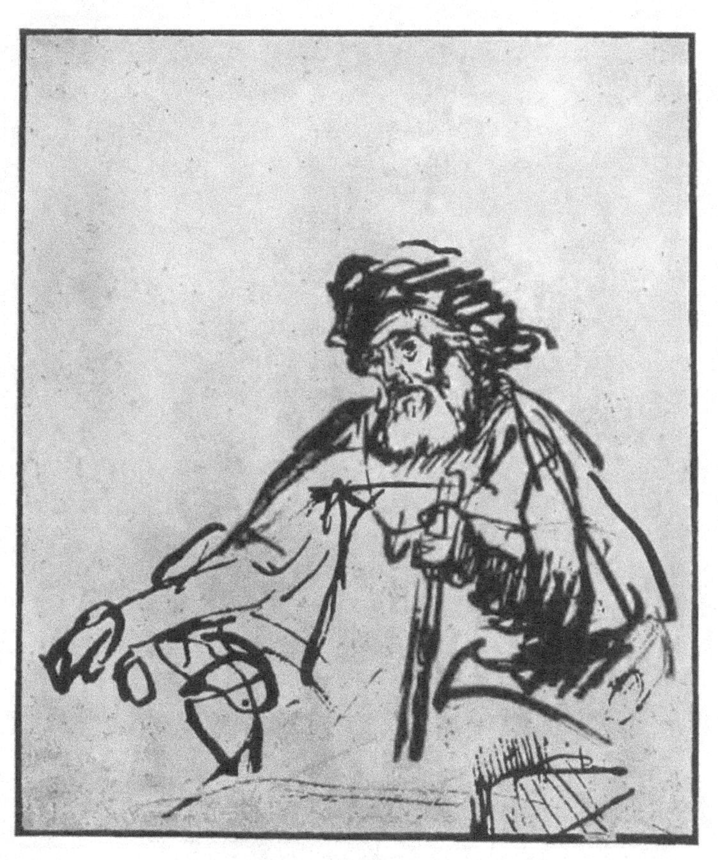

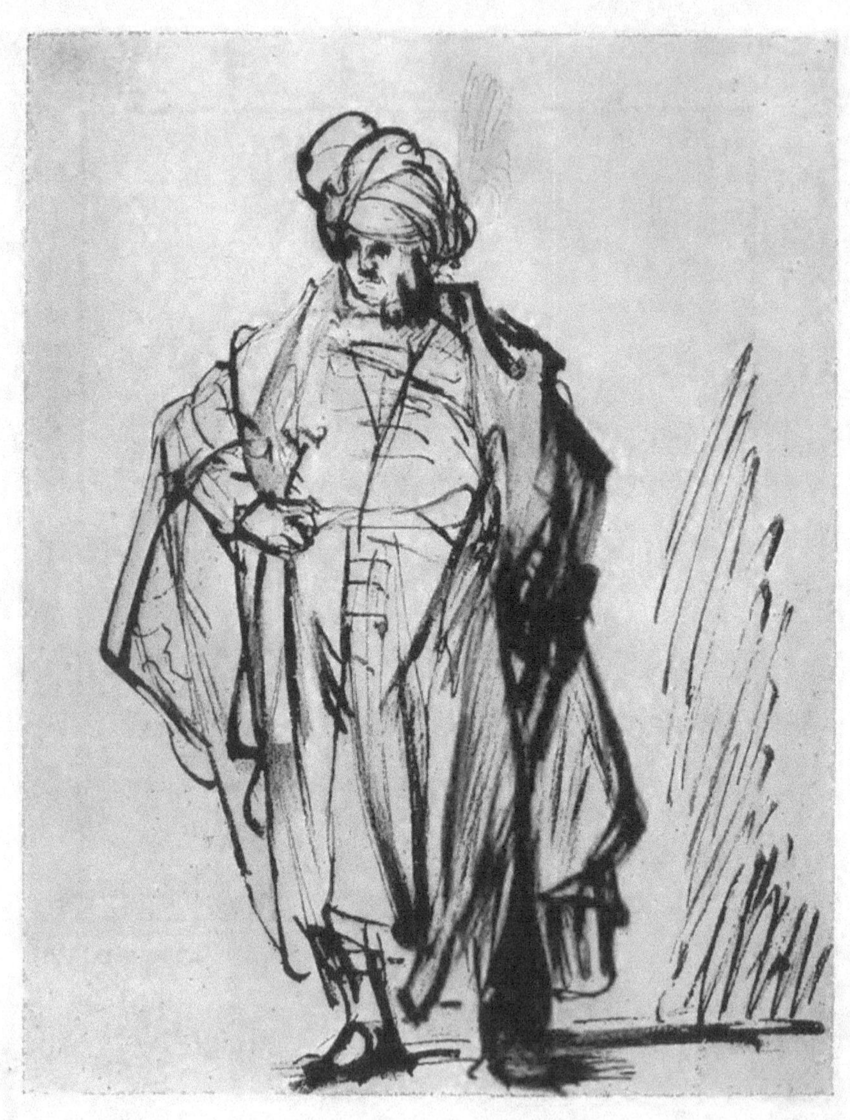

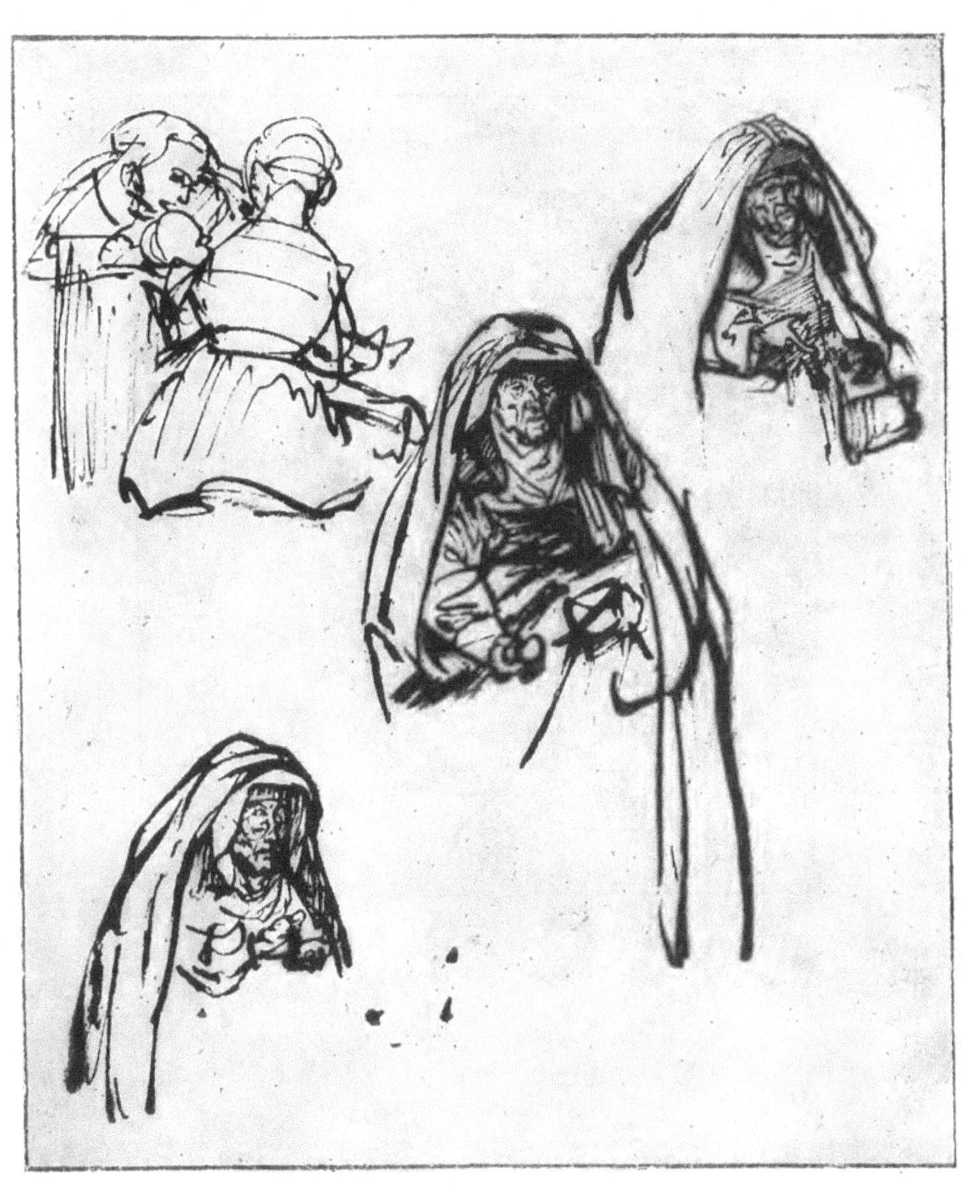

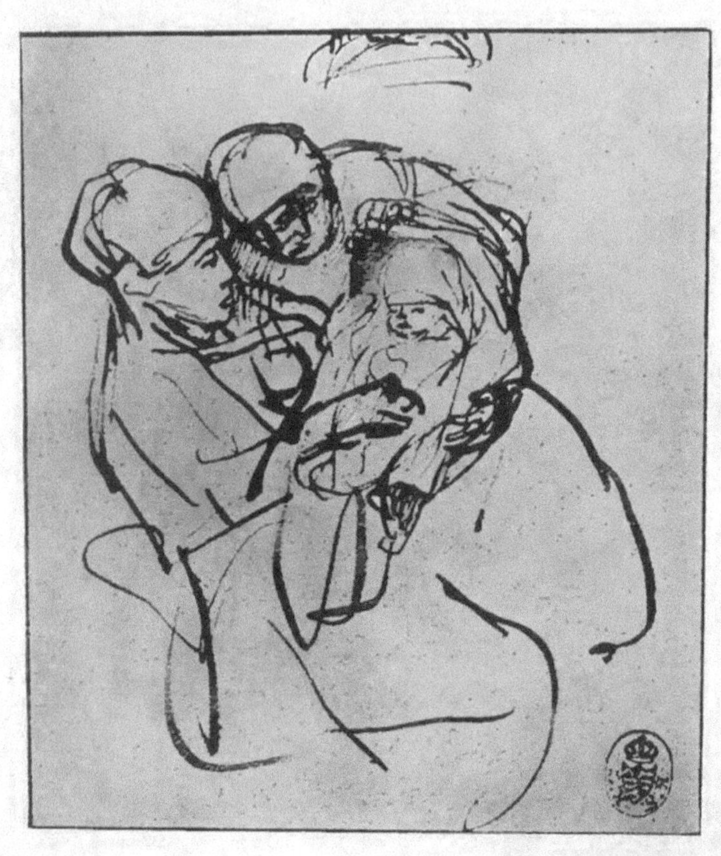

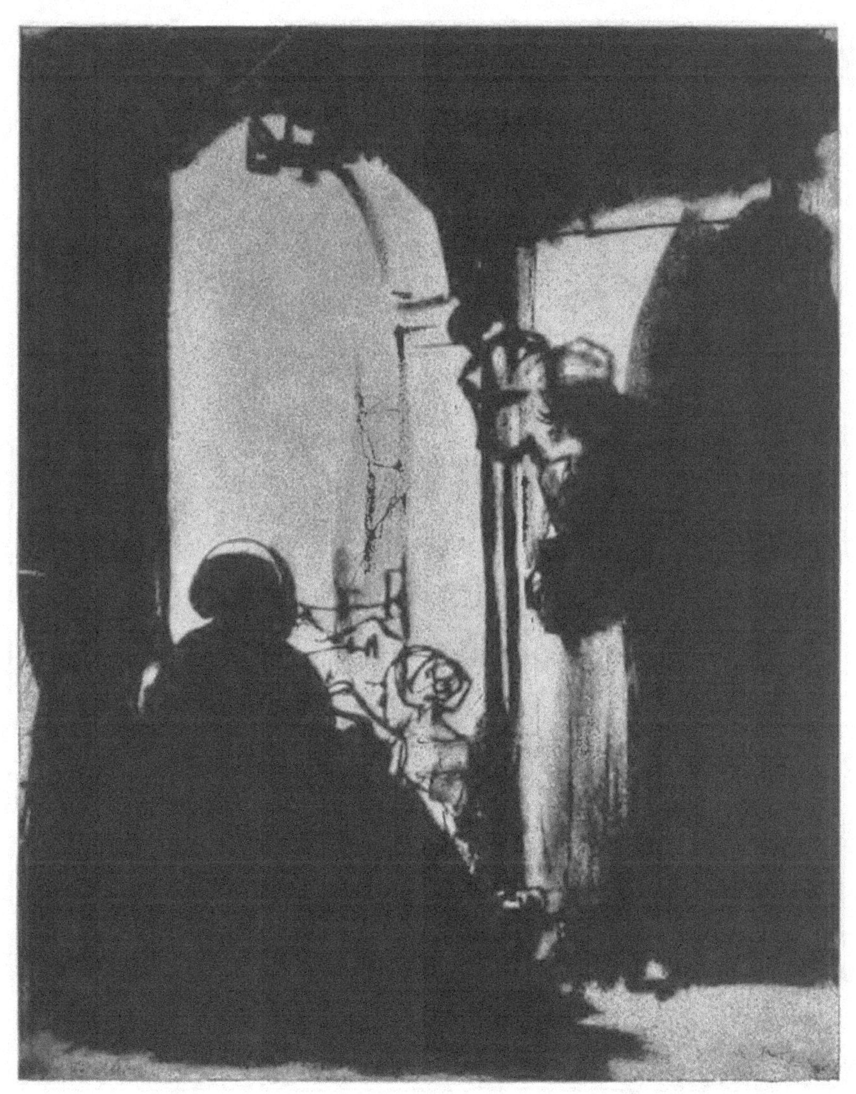

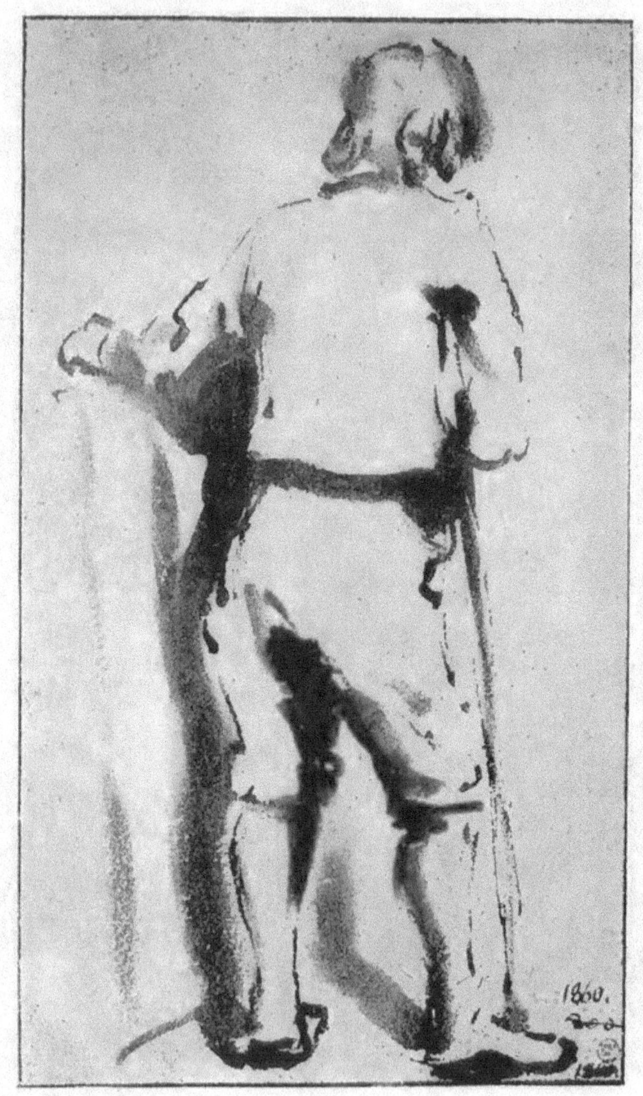

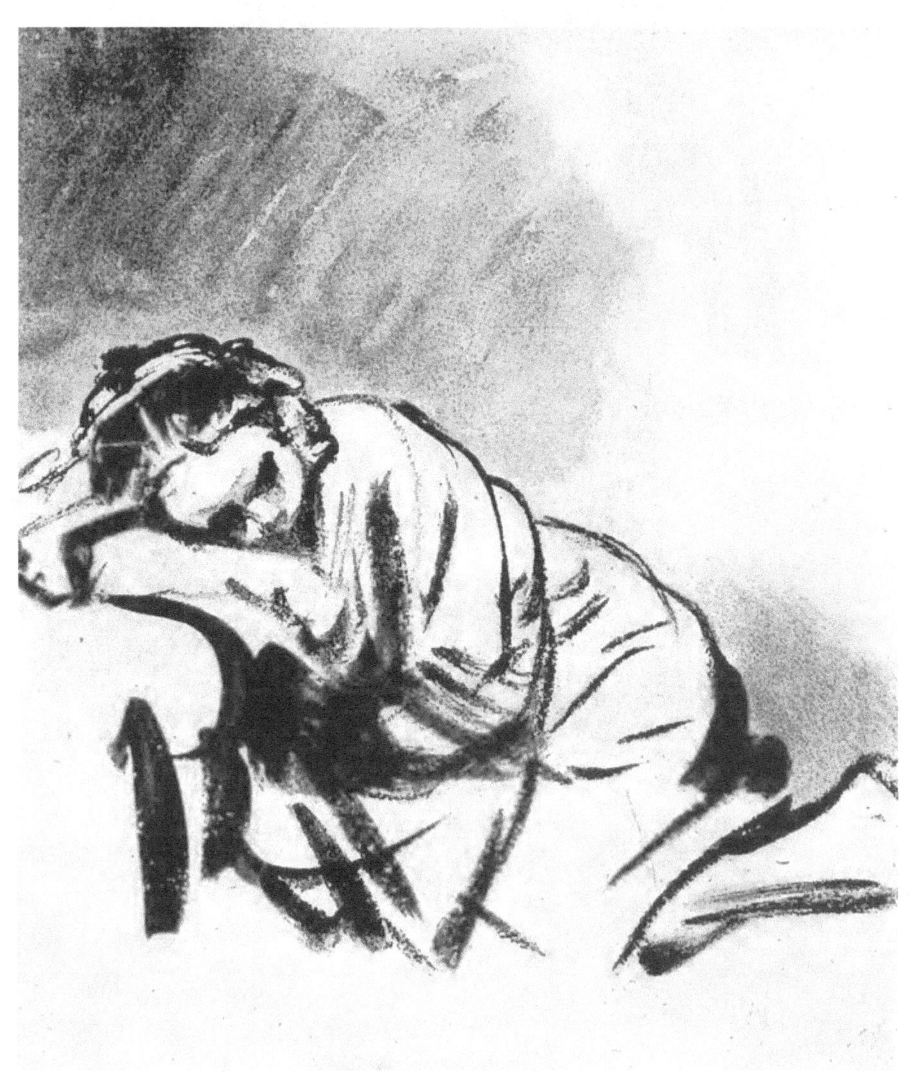

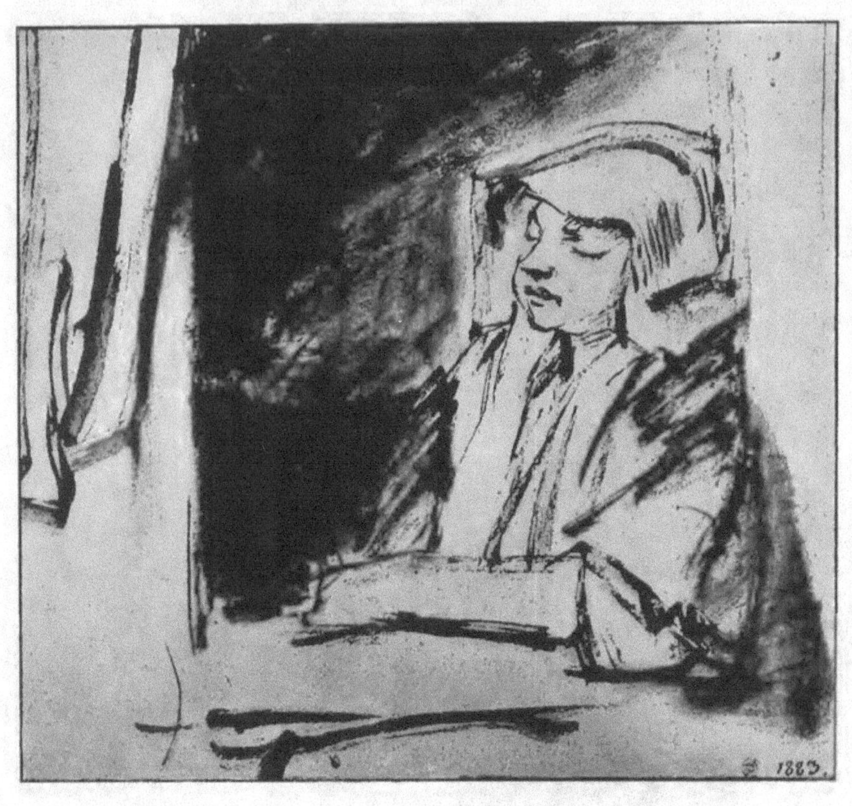

2.

Tiere

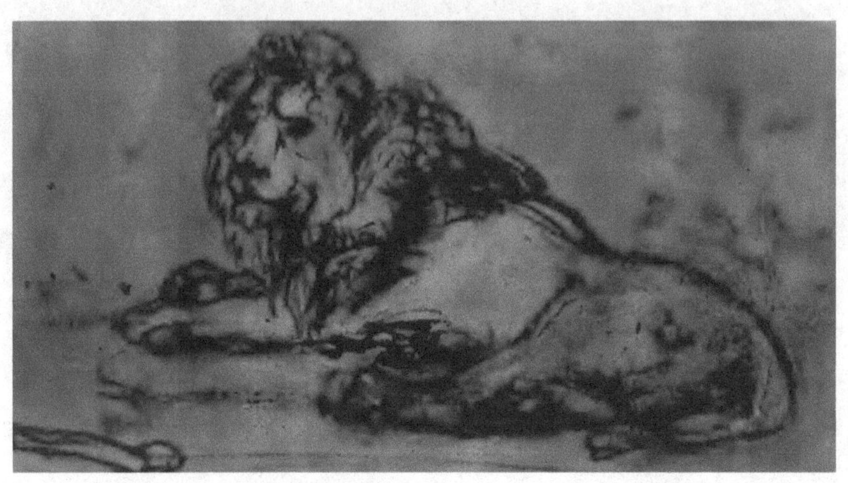

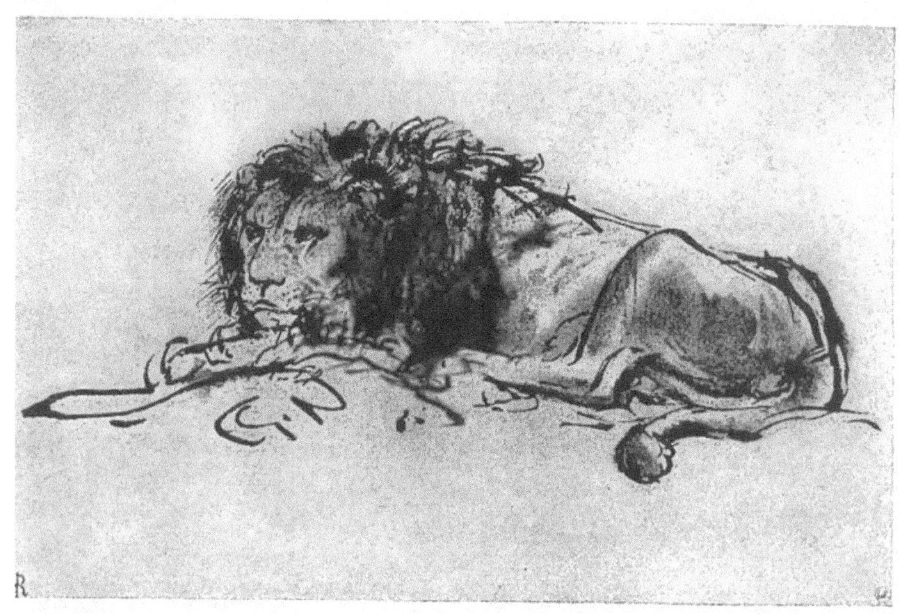

⟨17⟩

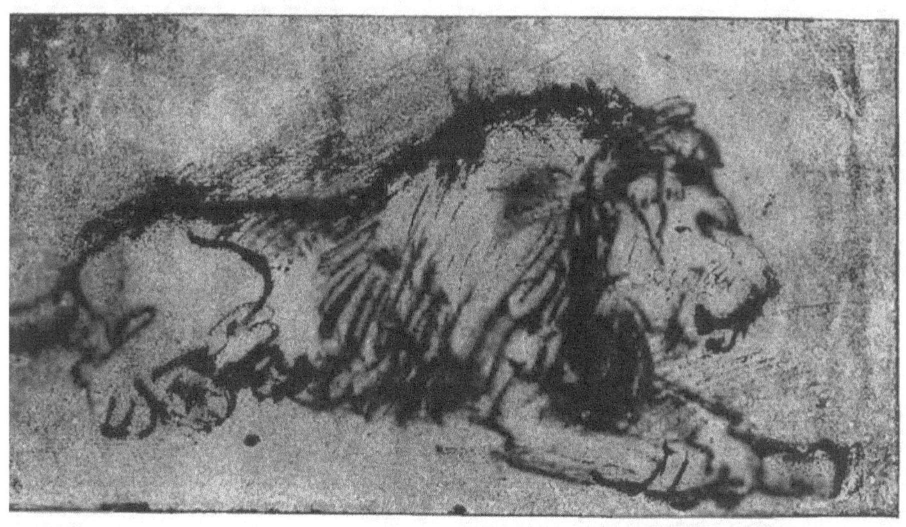

⟨18⟩

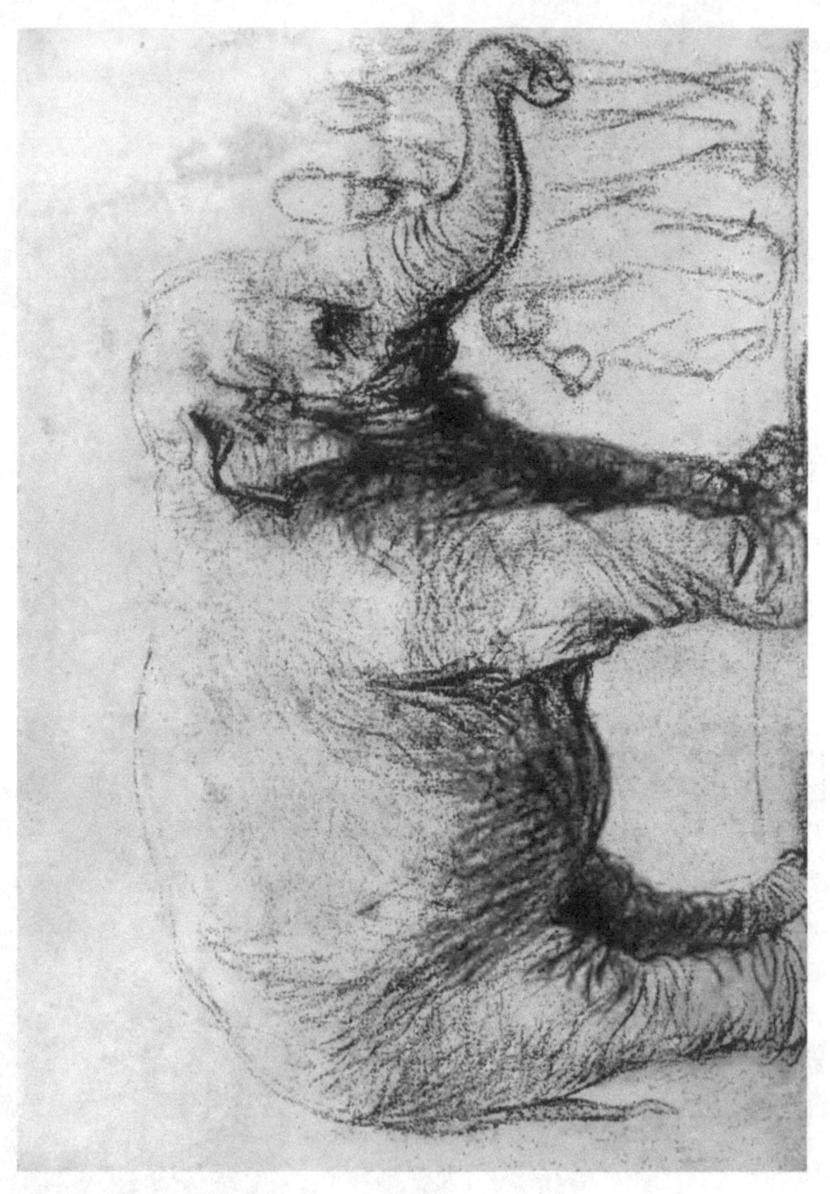

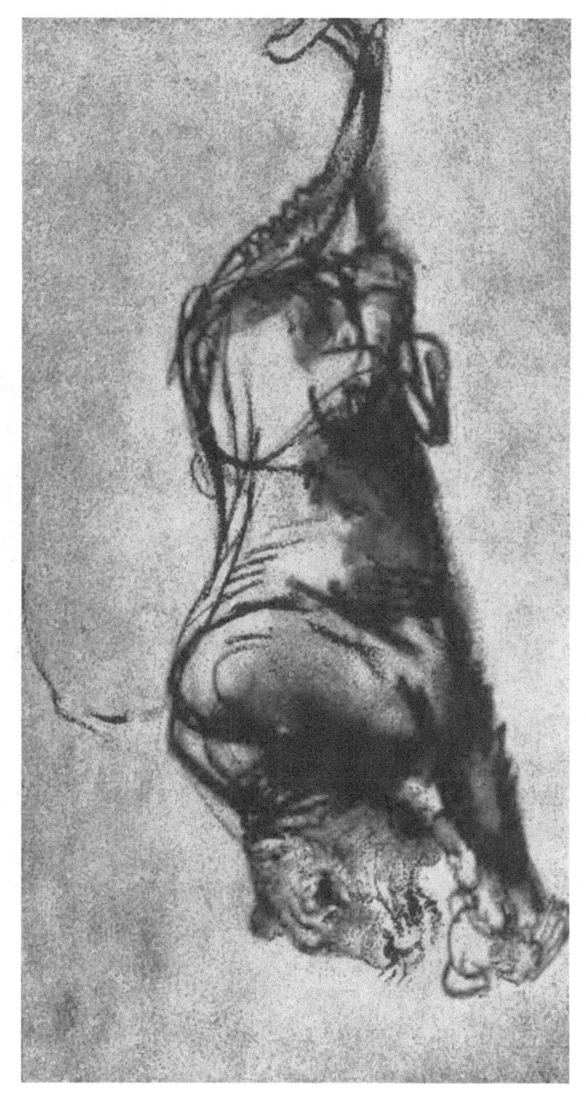

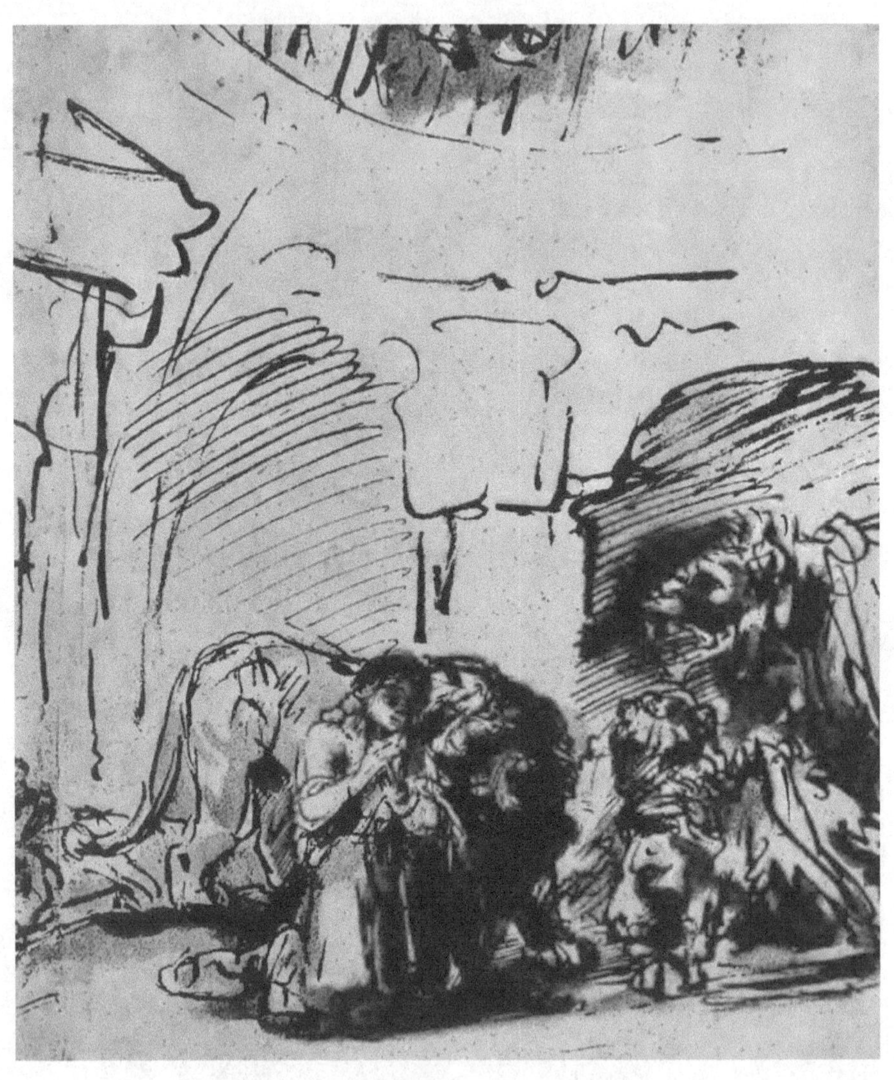

3.

Nackte Figuren

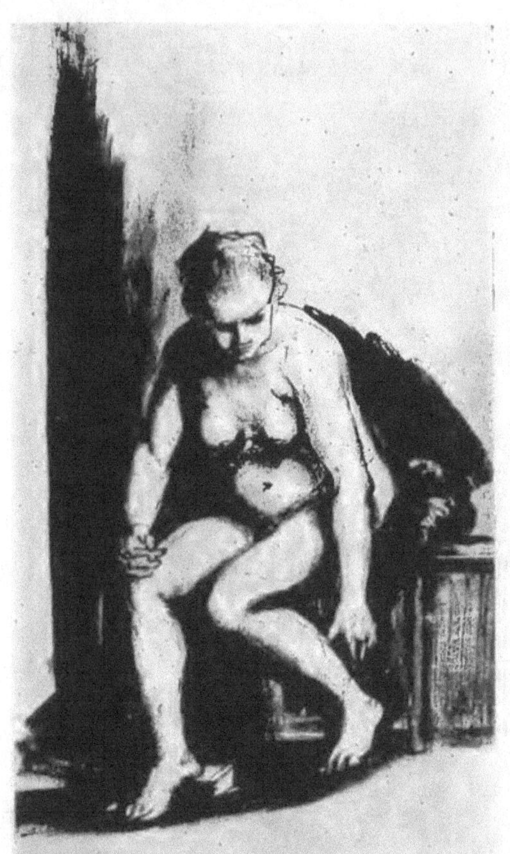

DRAWING REMBRANDT
British Museum, London

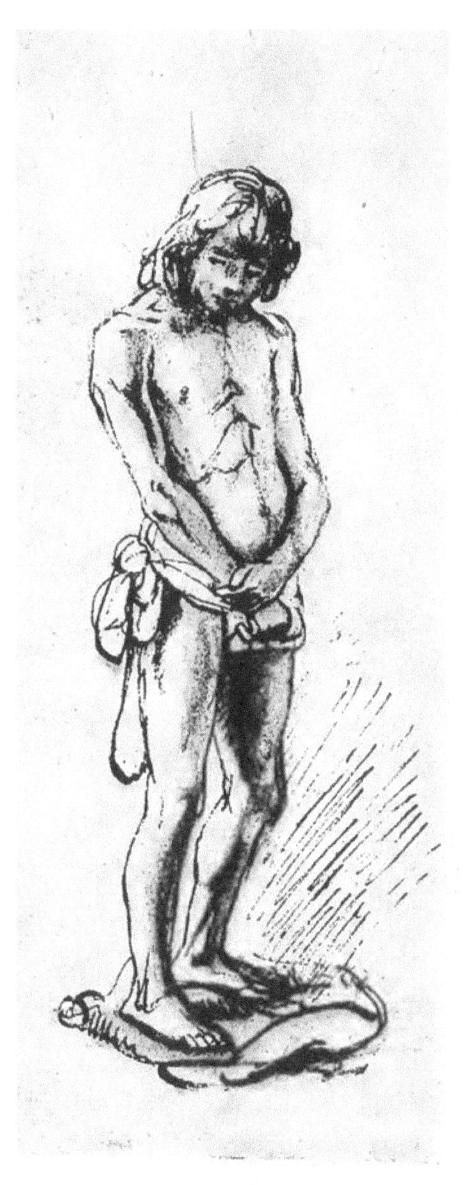

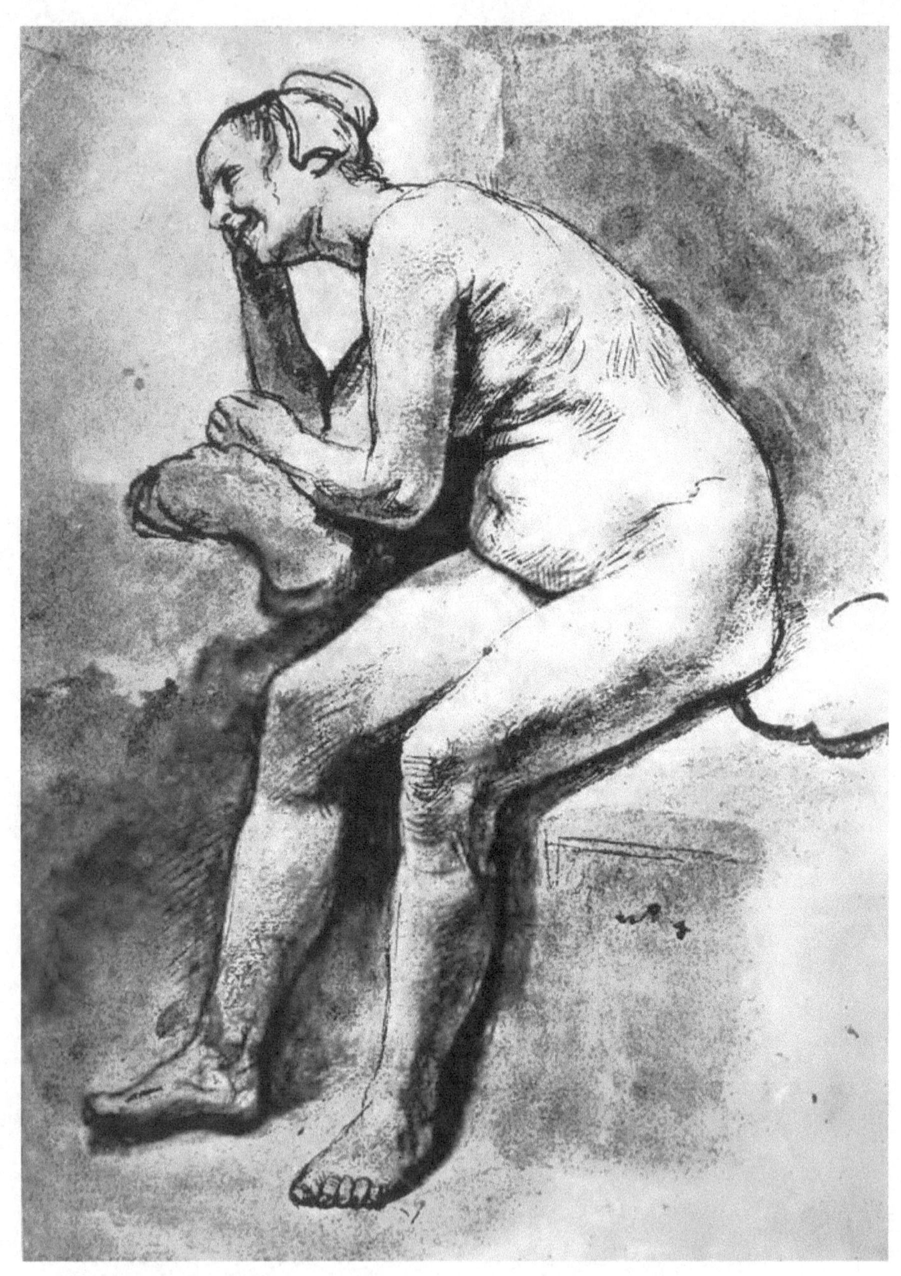

4.

Landschaften

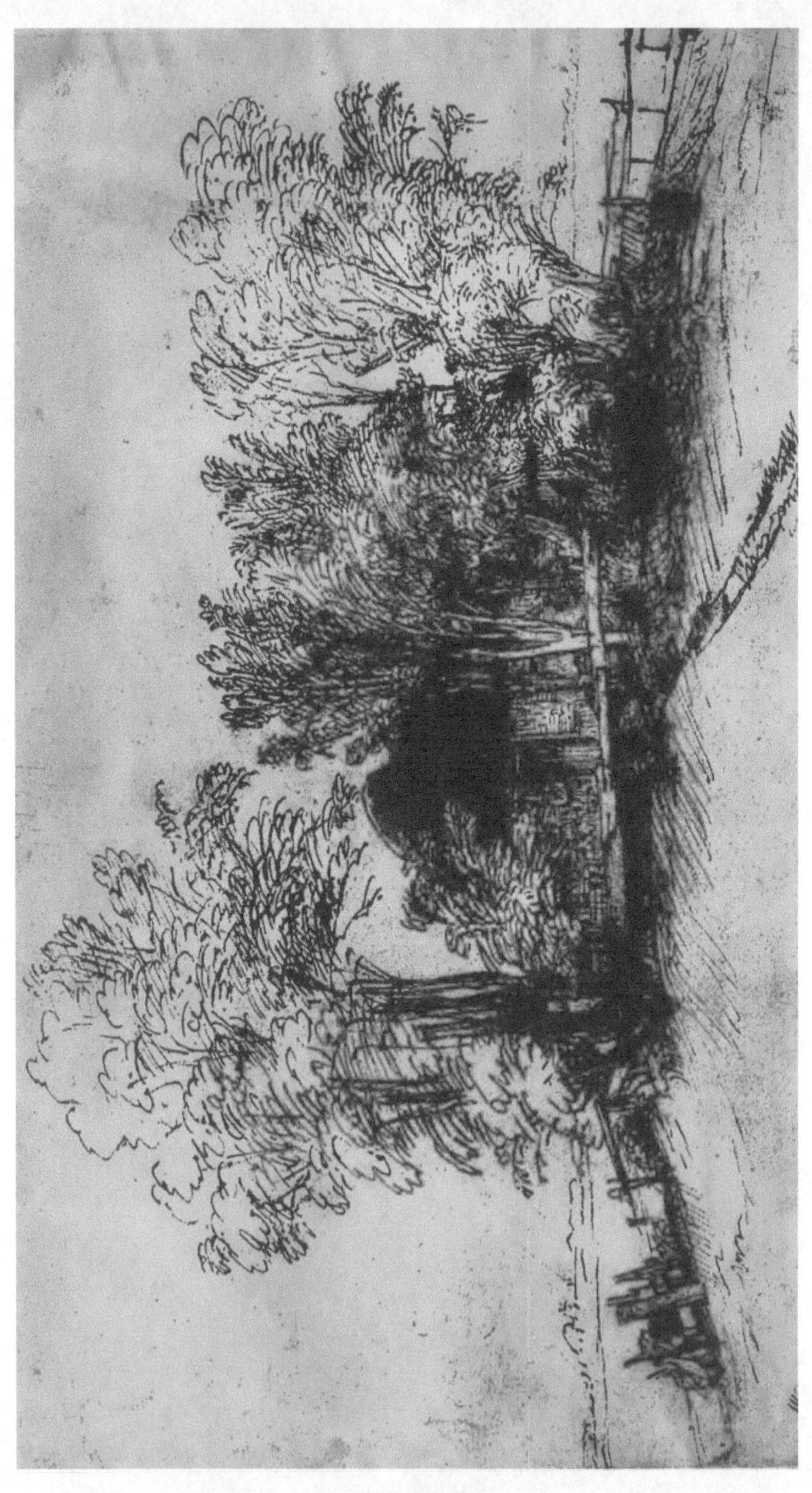

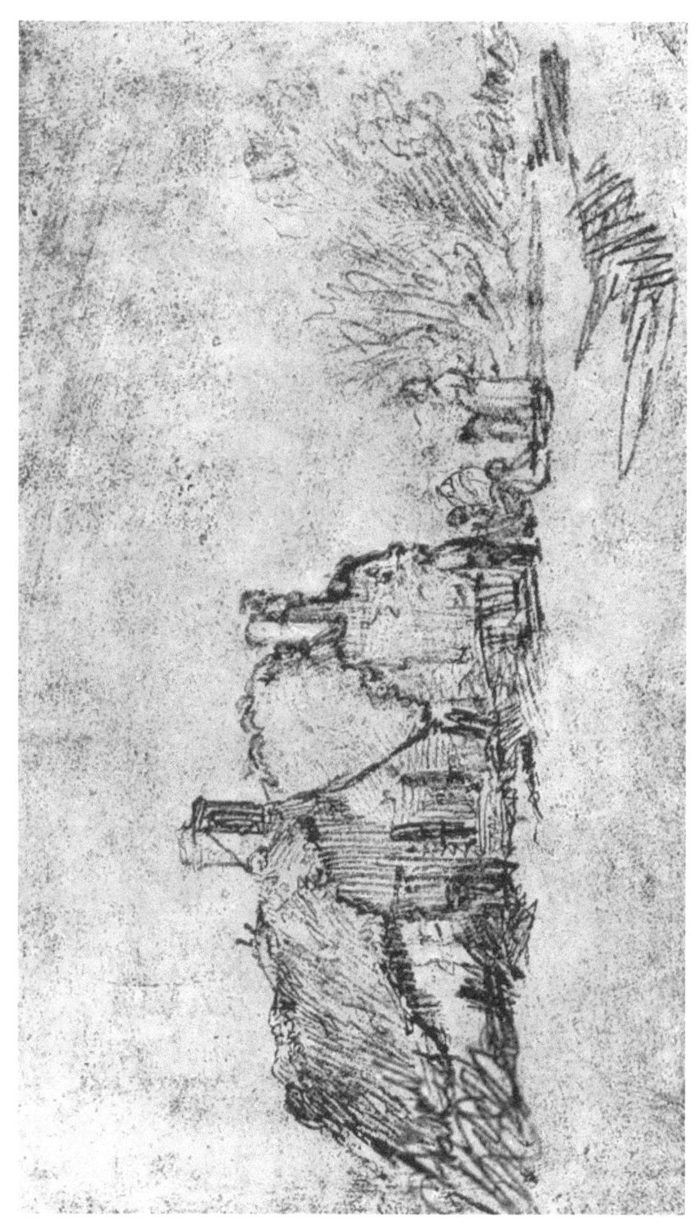

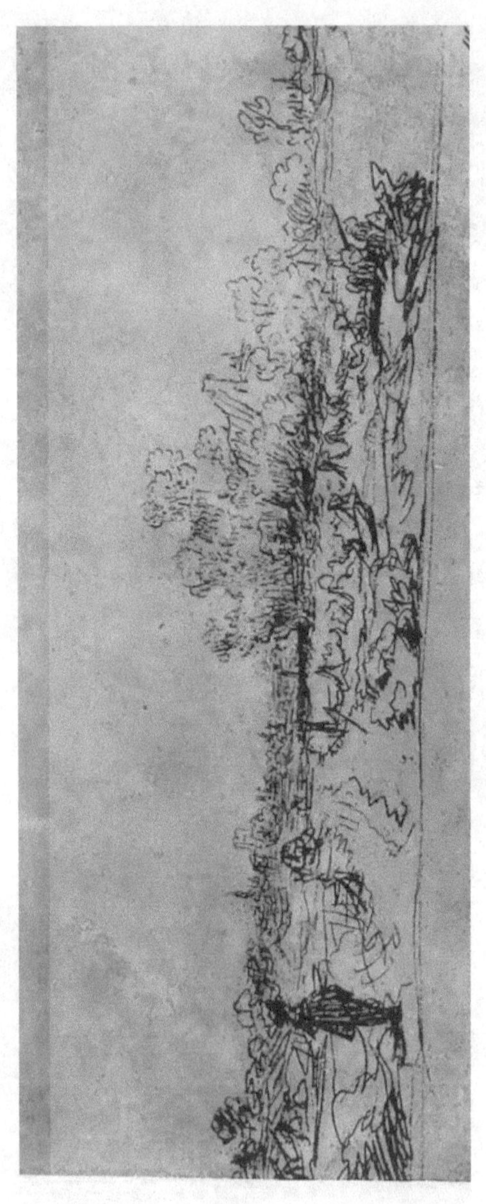

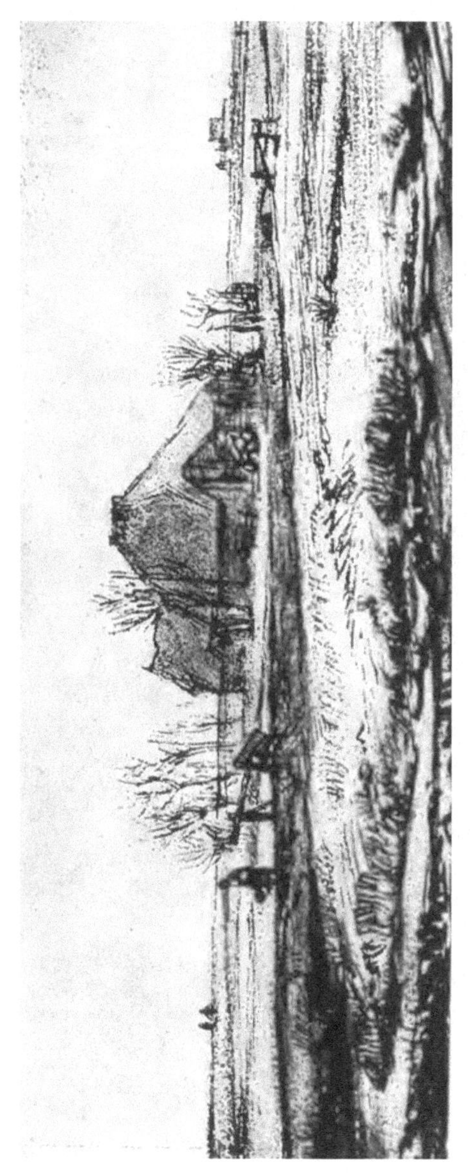

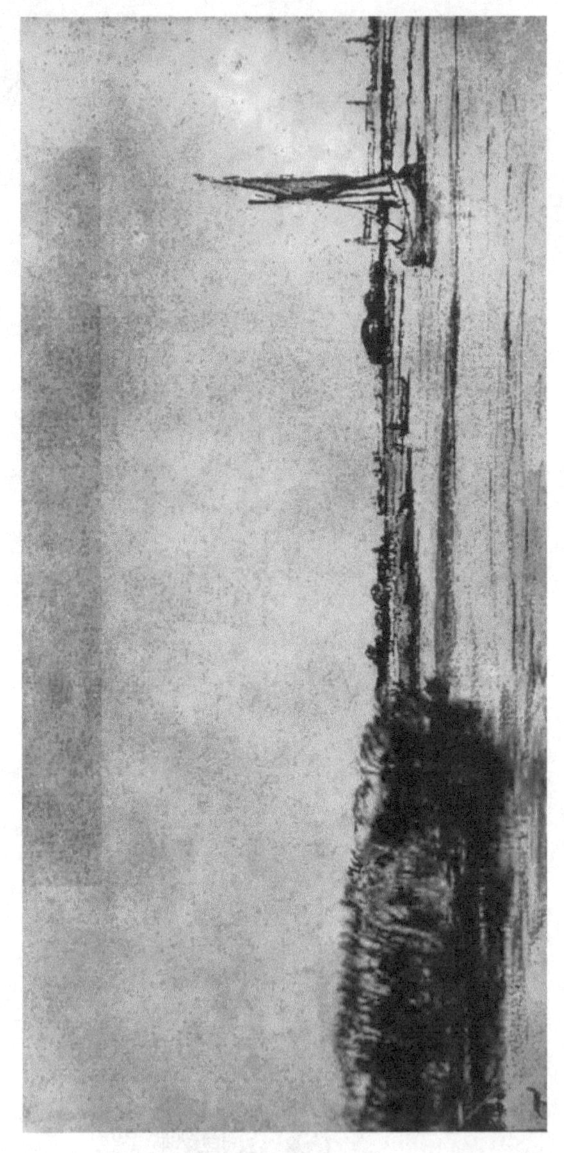

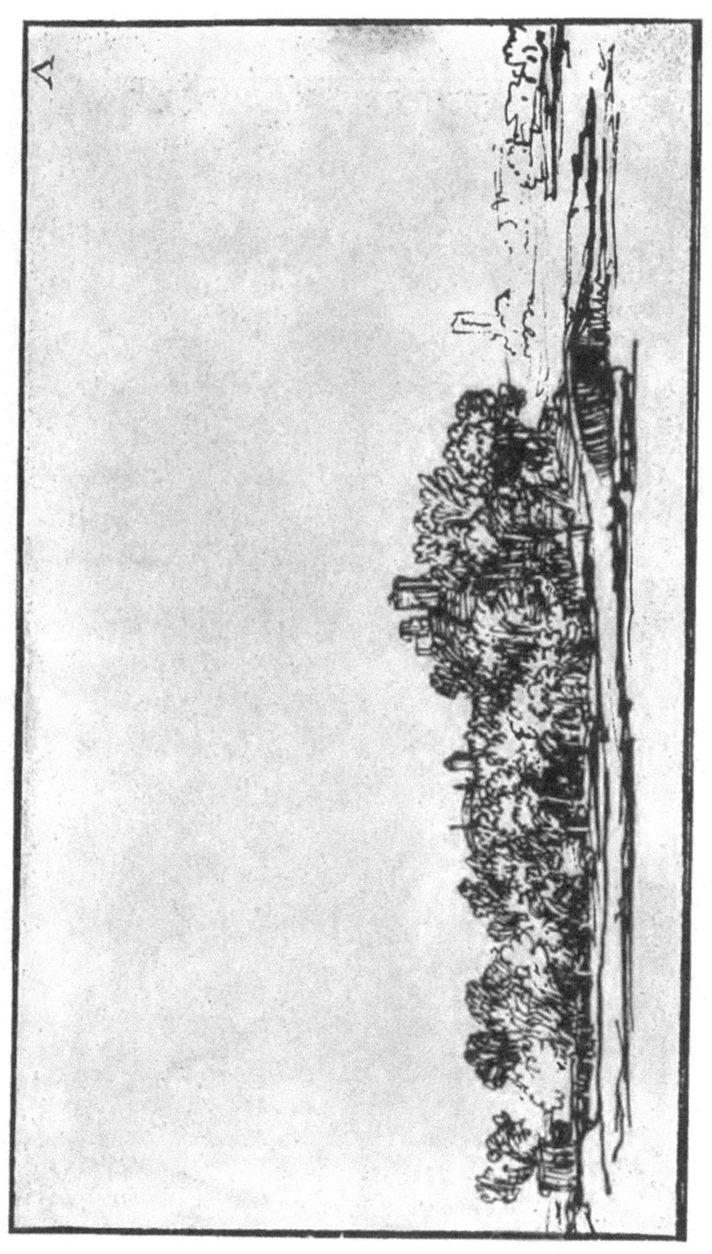

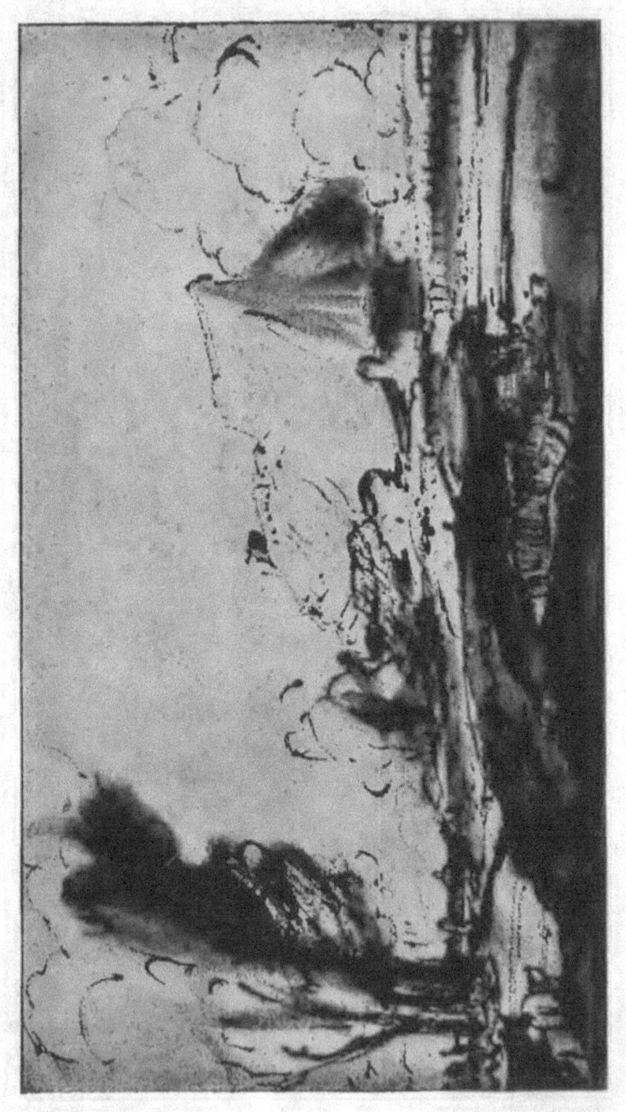

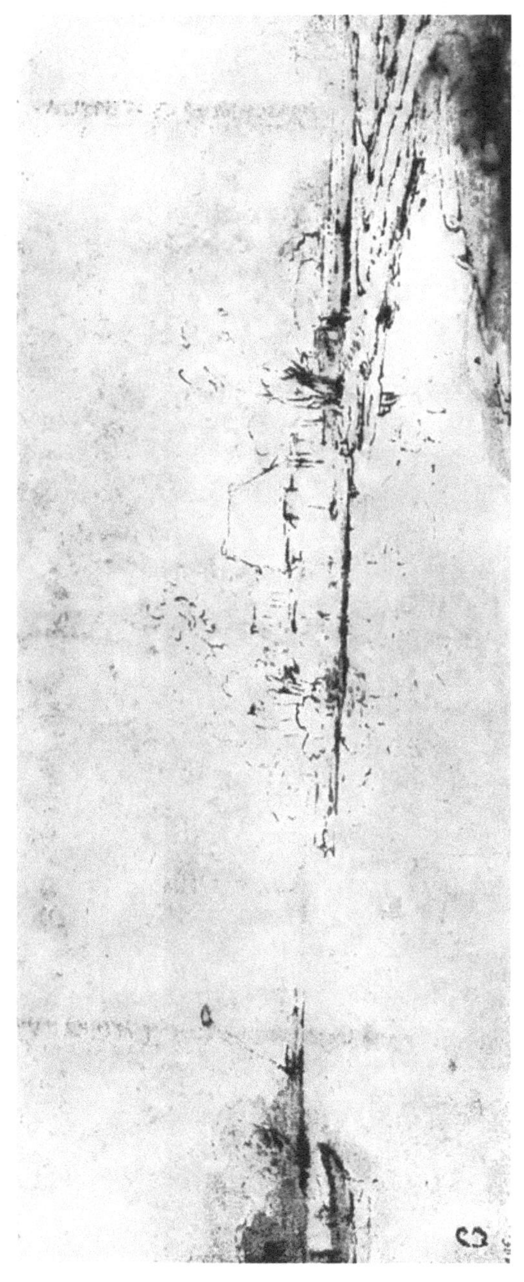

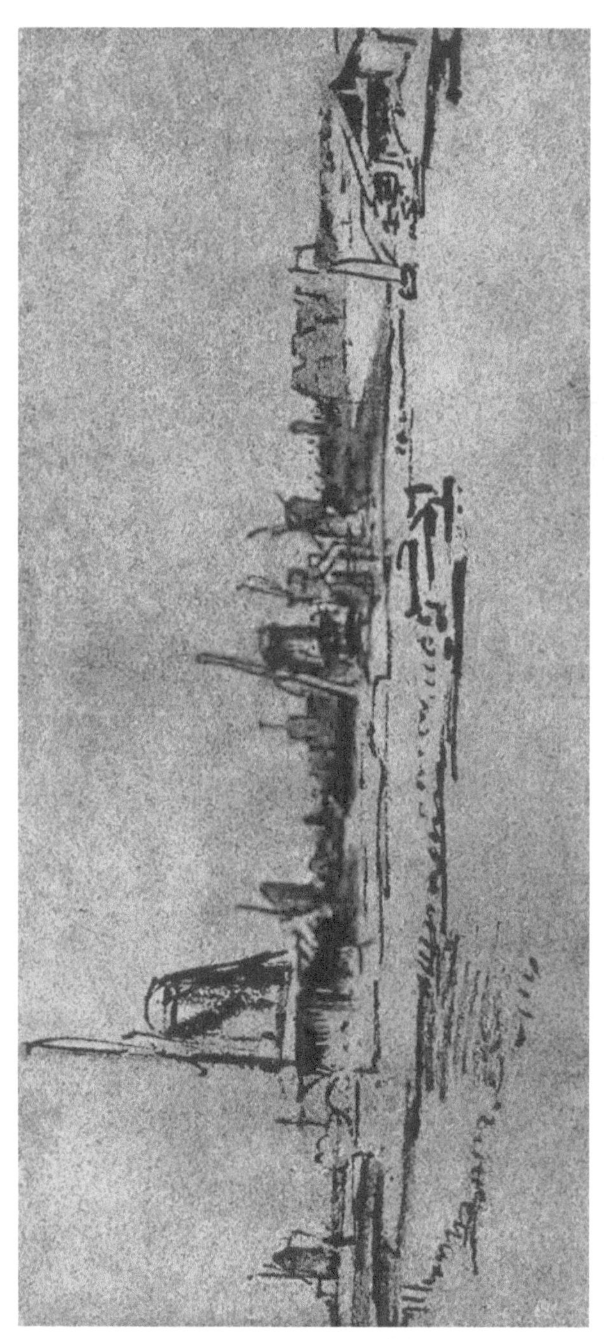

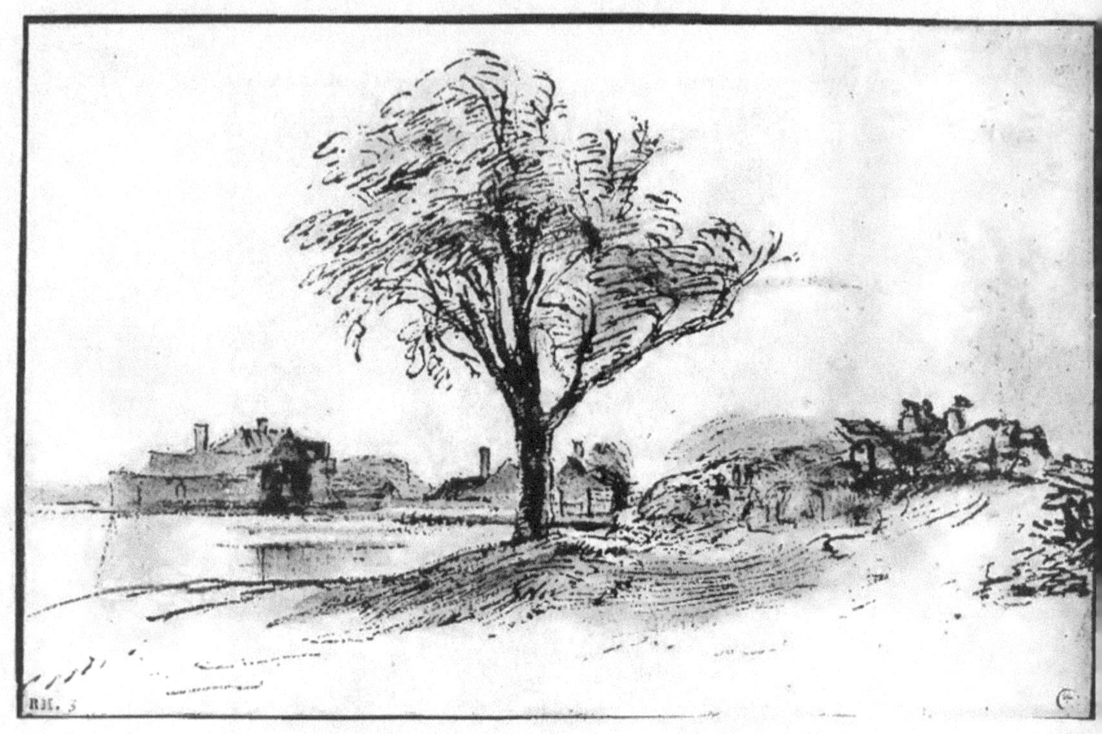

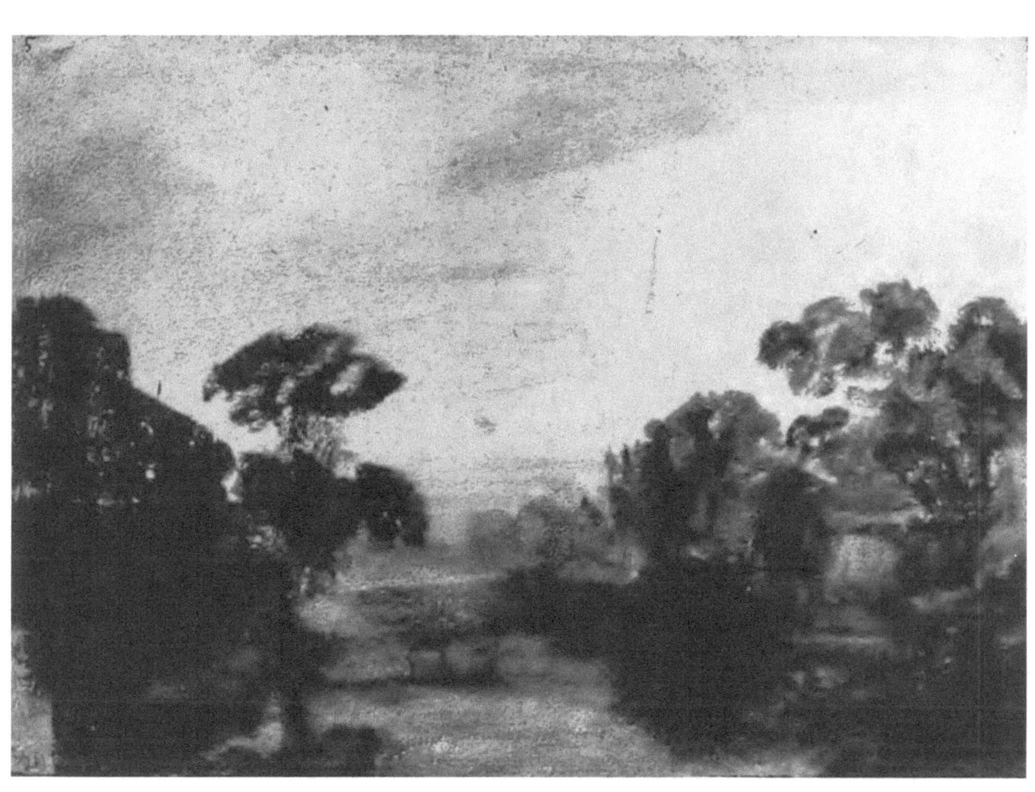

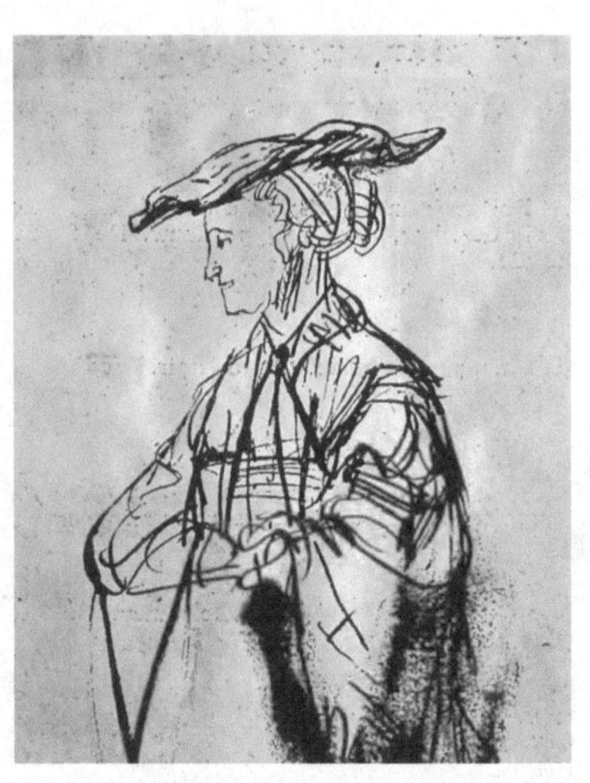

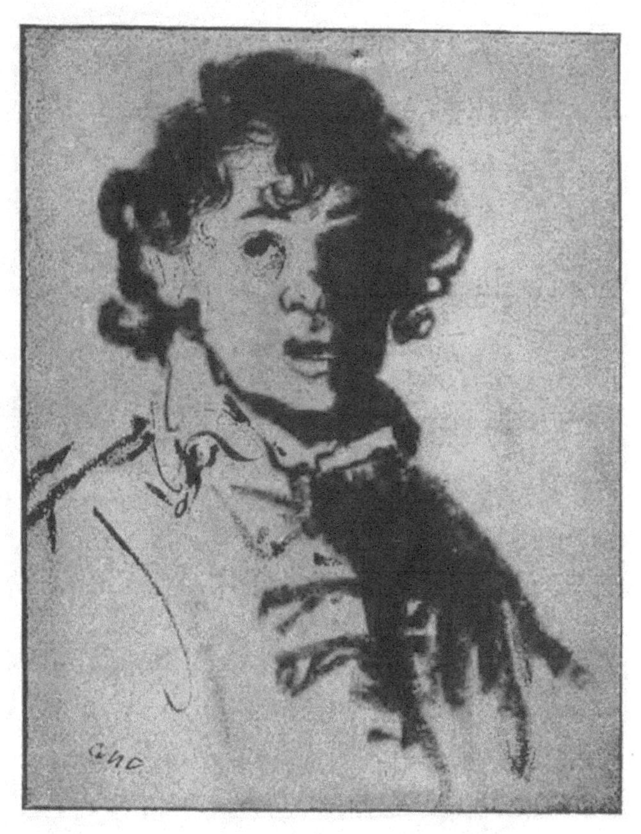

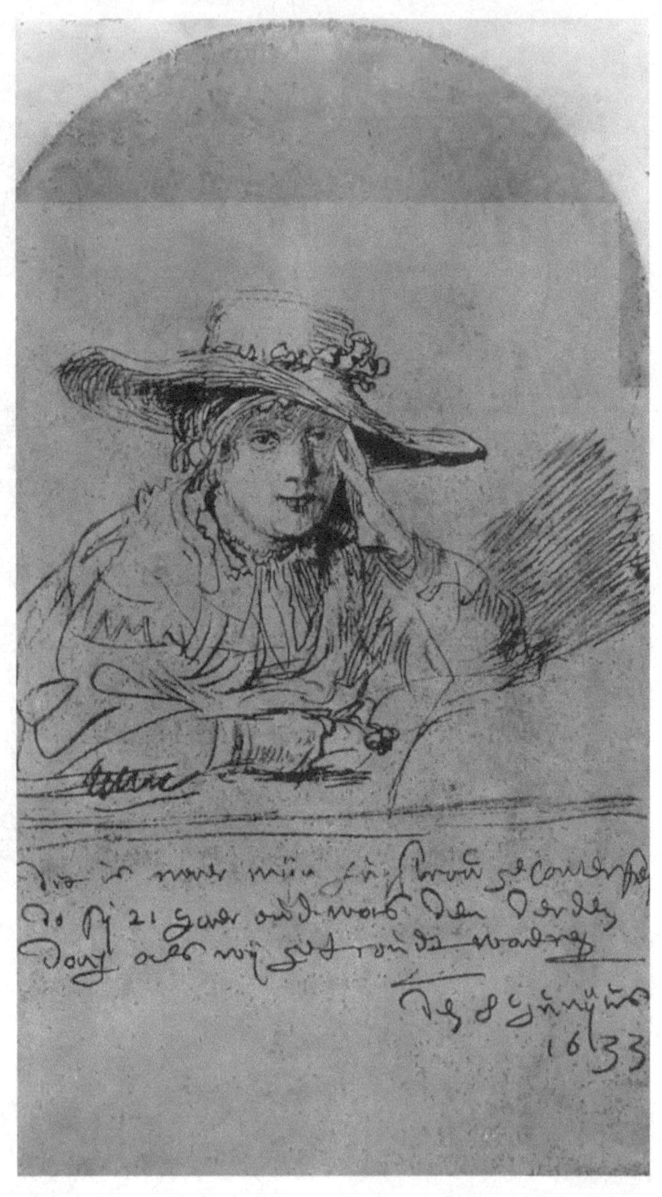

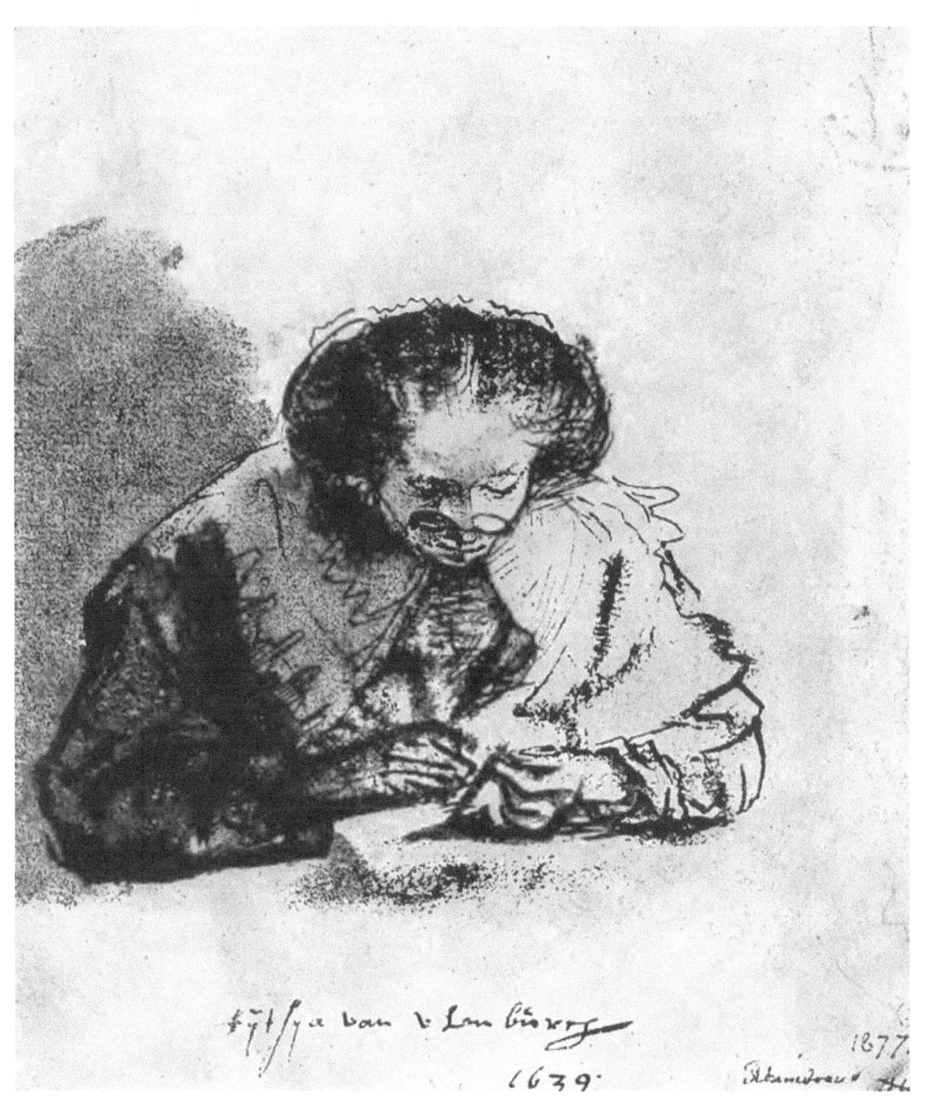
1639

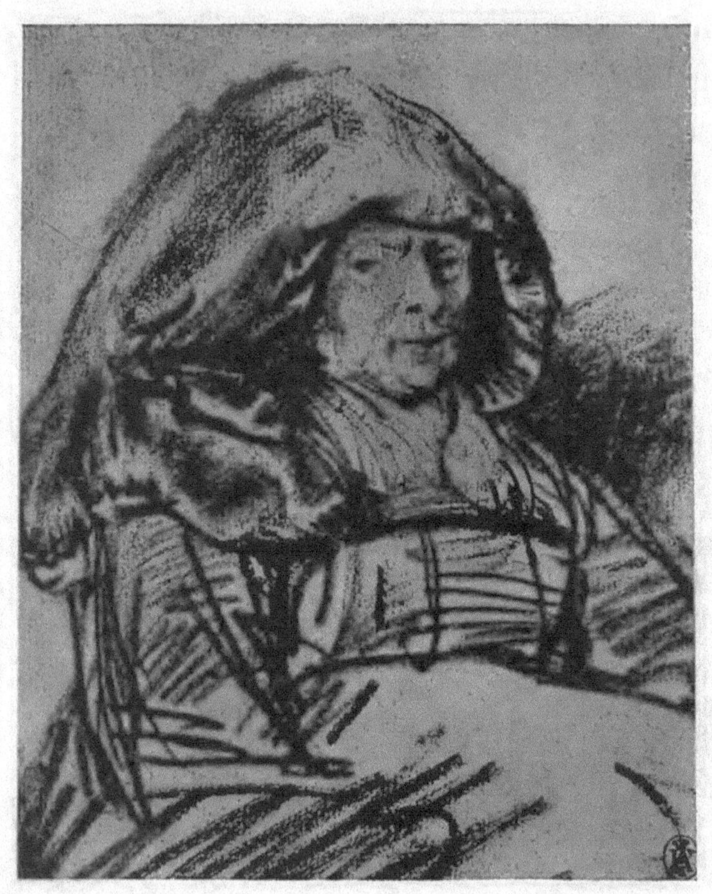

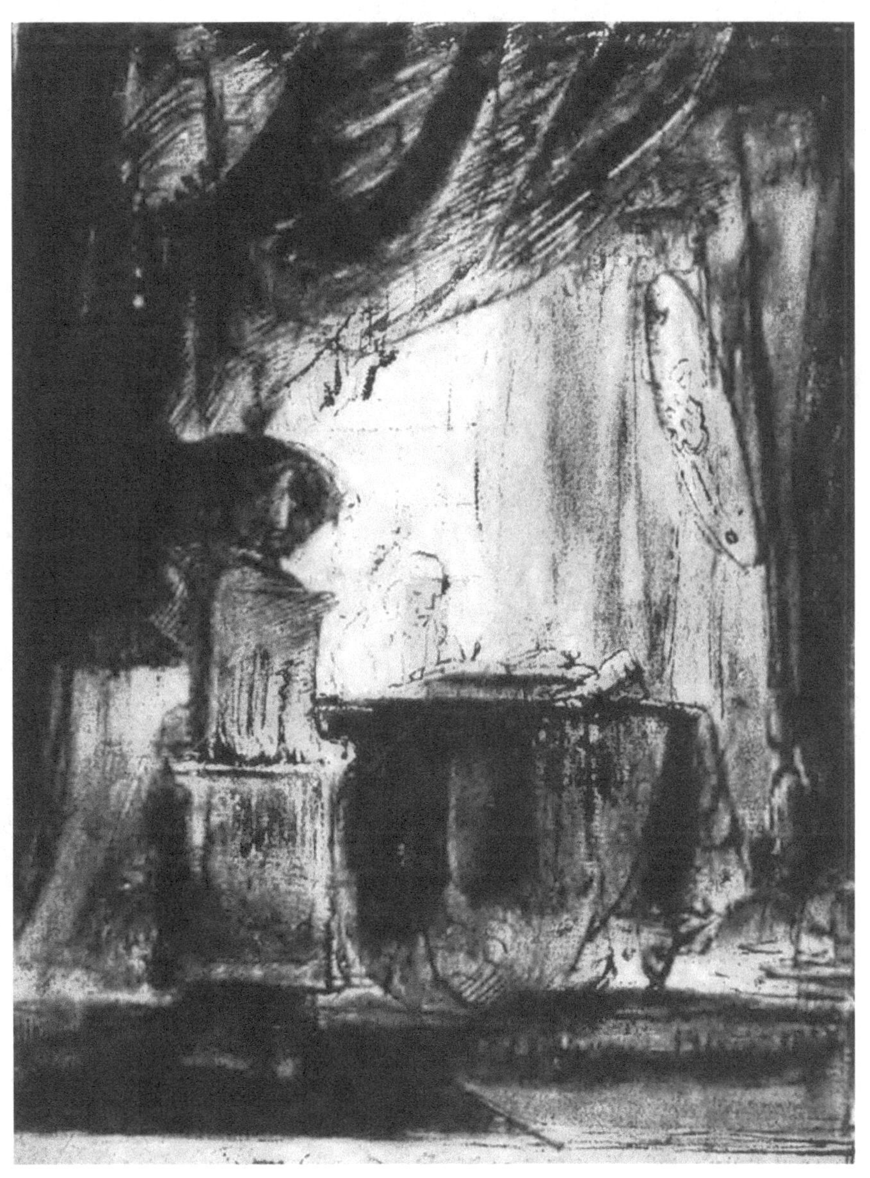

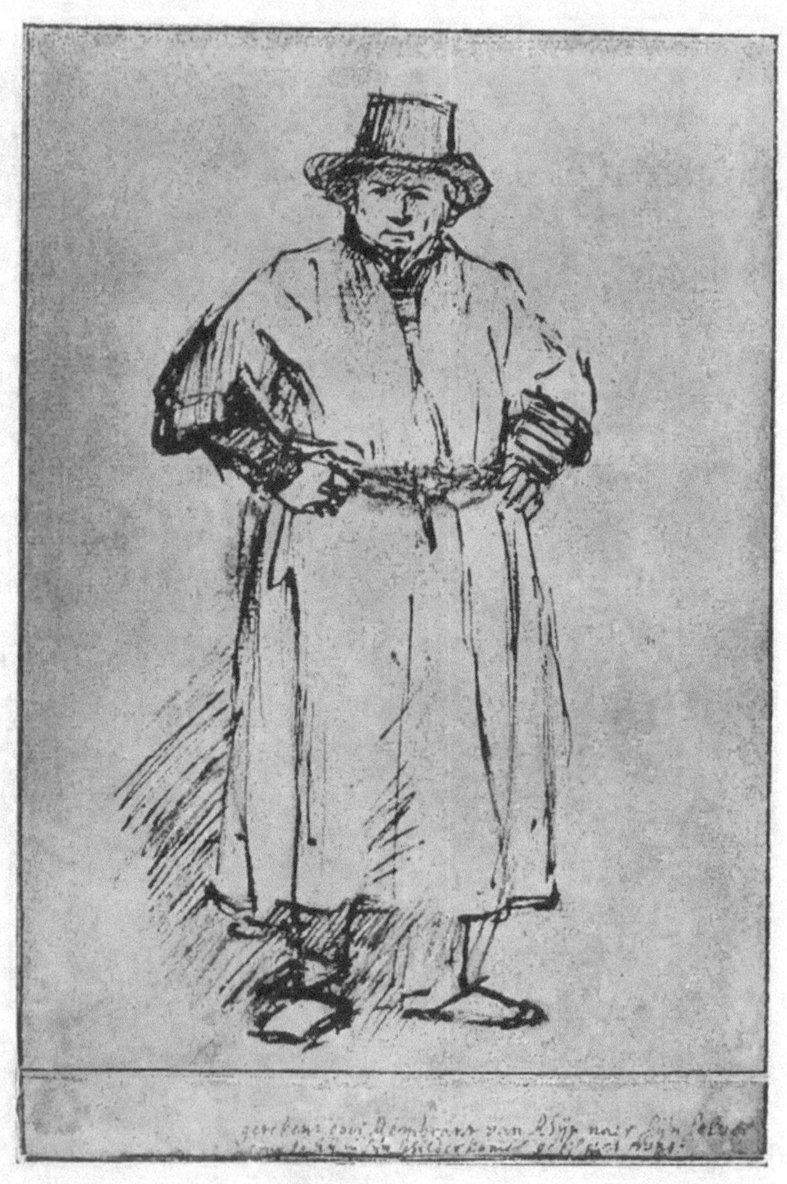

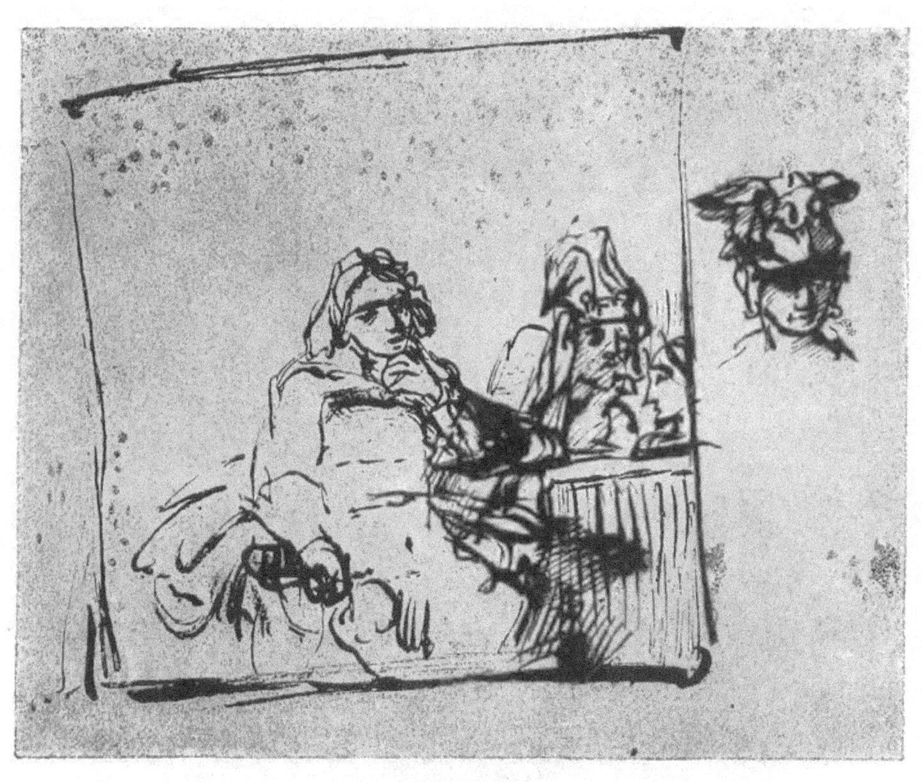

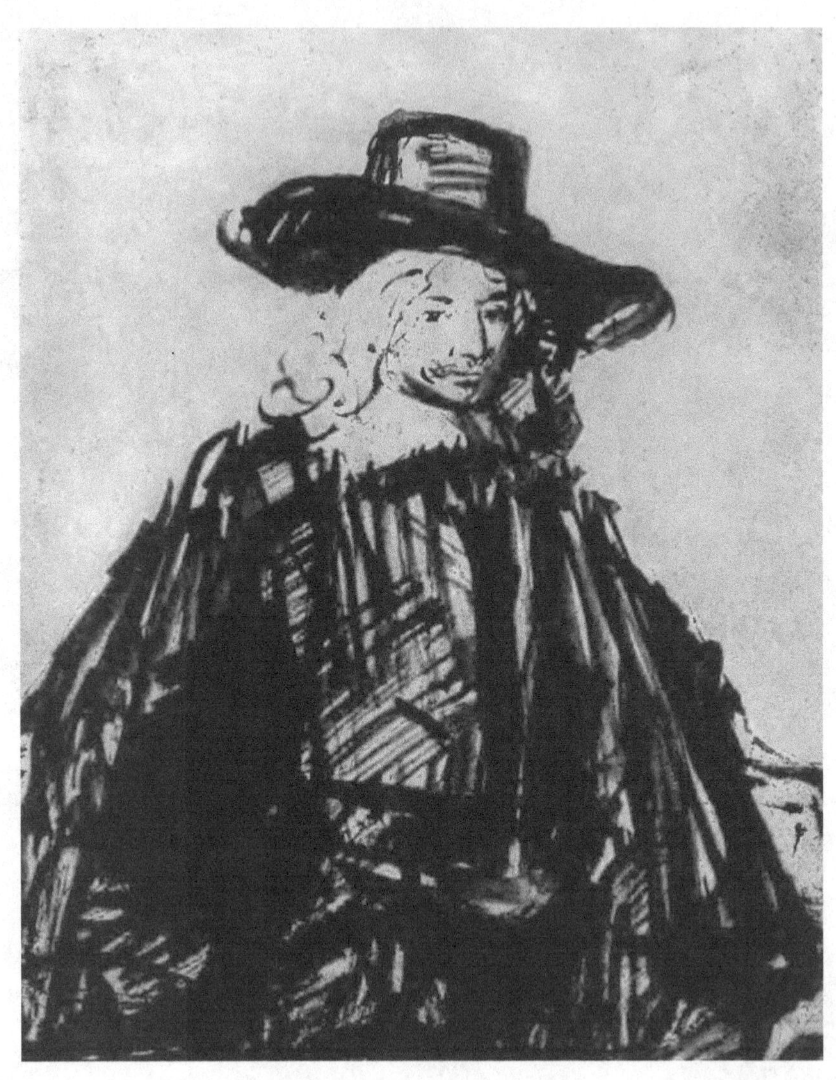

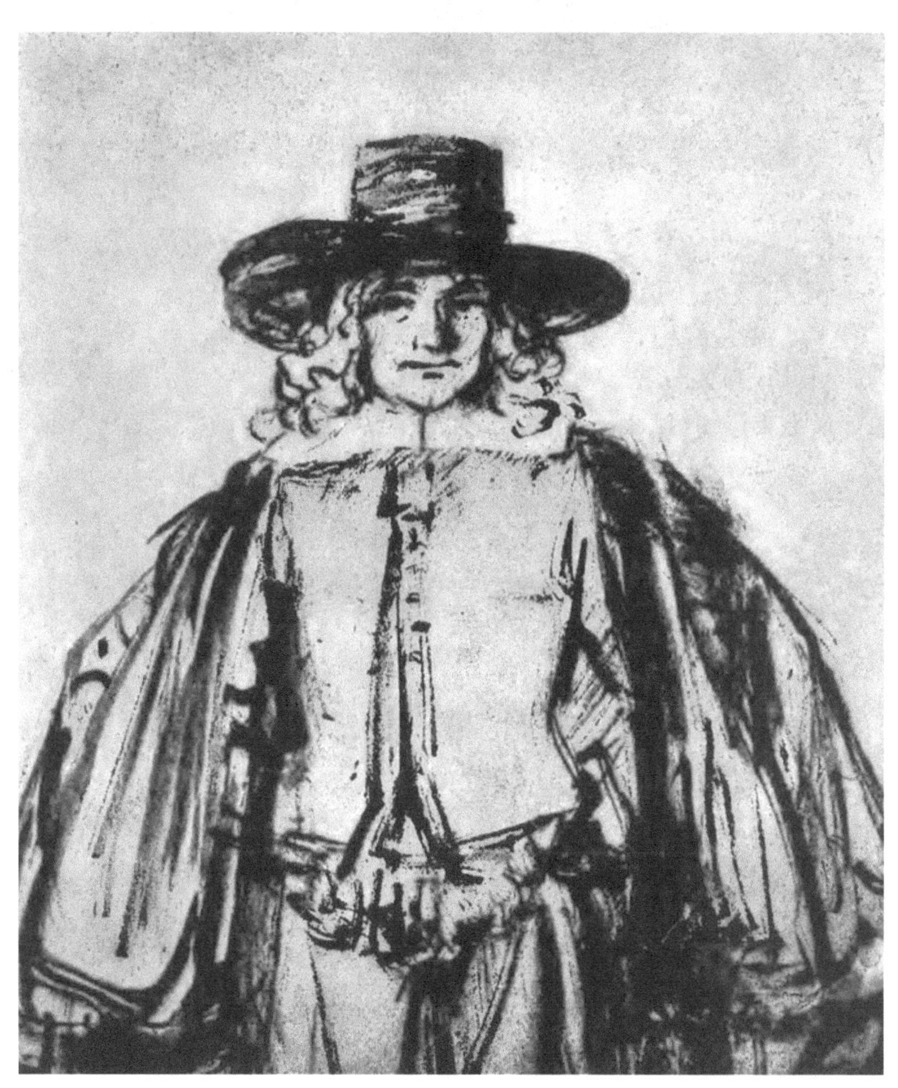

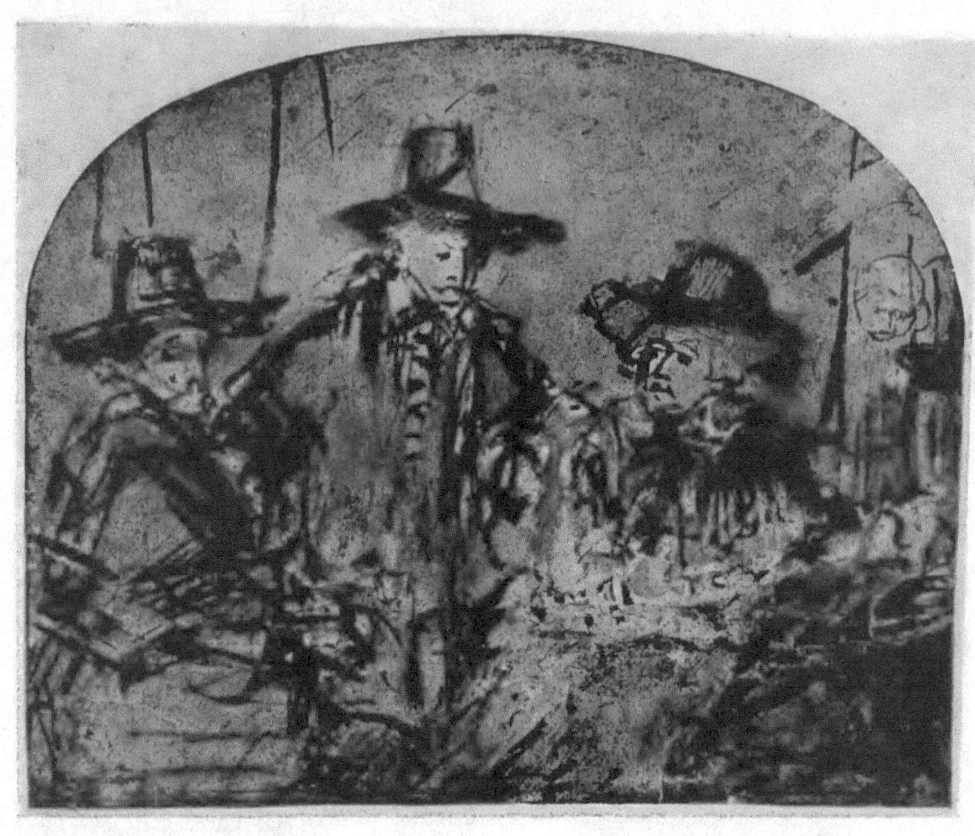

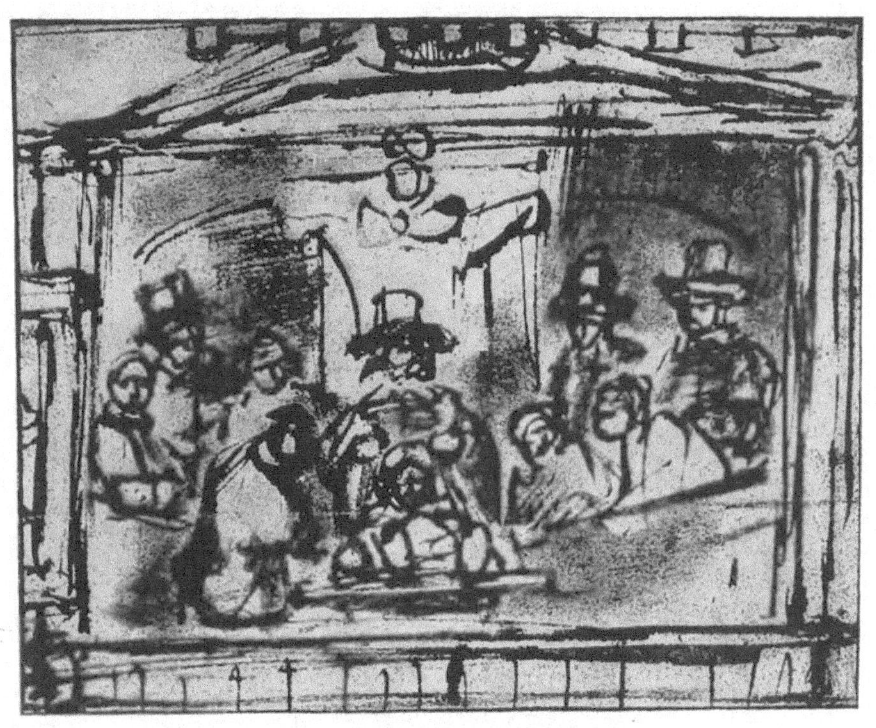

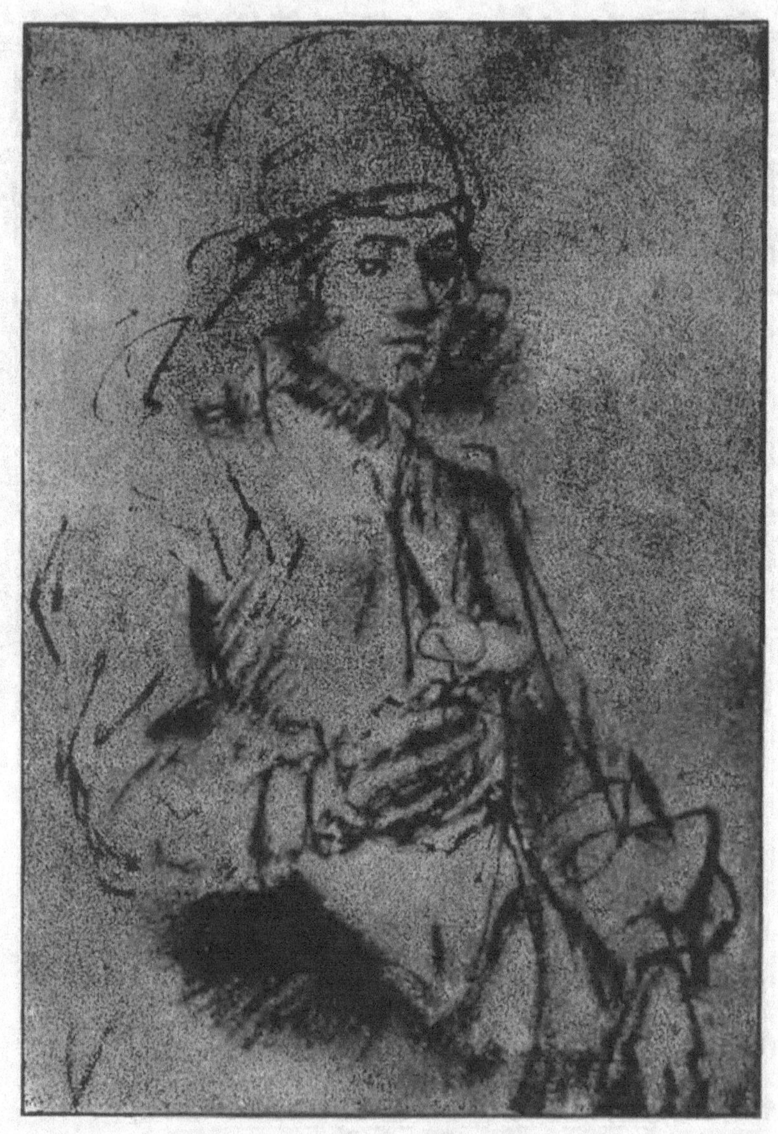

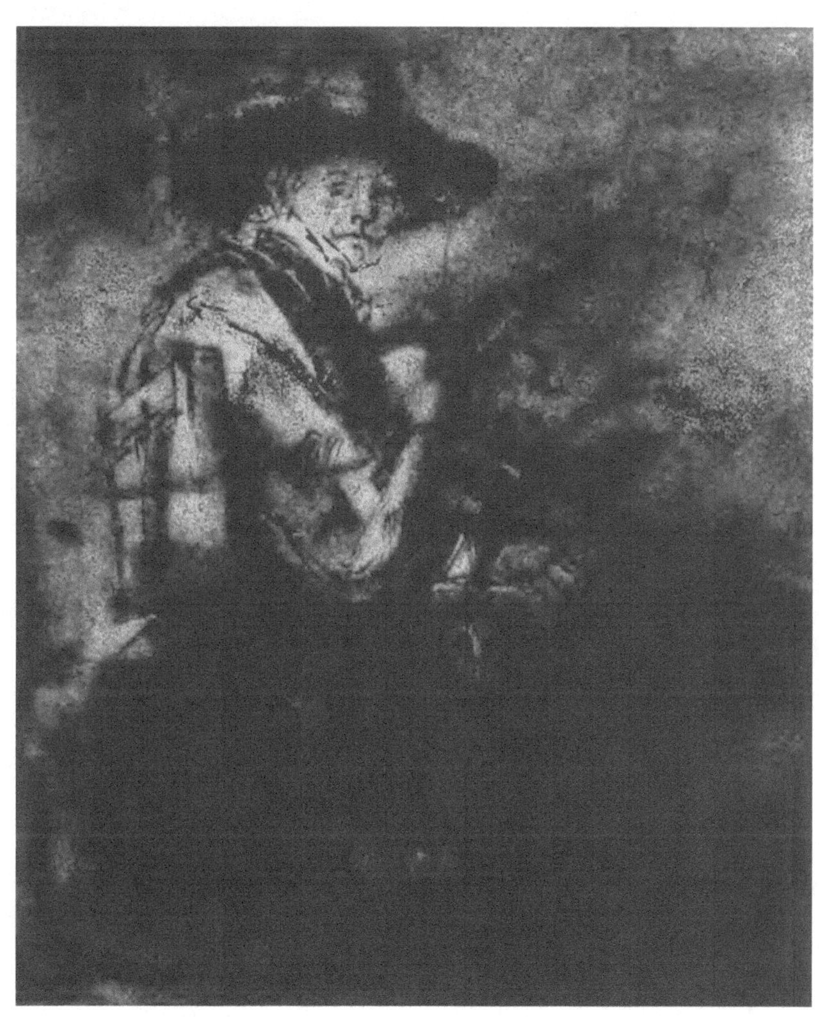

II.

Kompositionen

1.

Ausdrucksköpfe und Kleinkompositionen

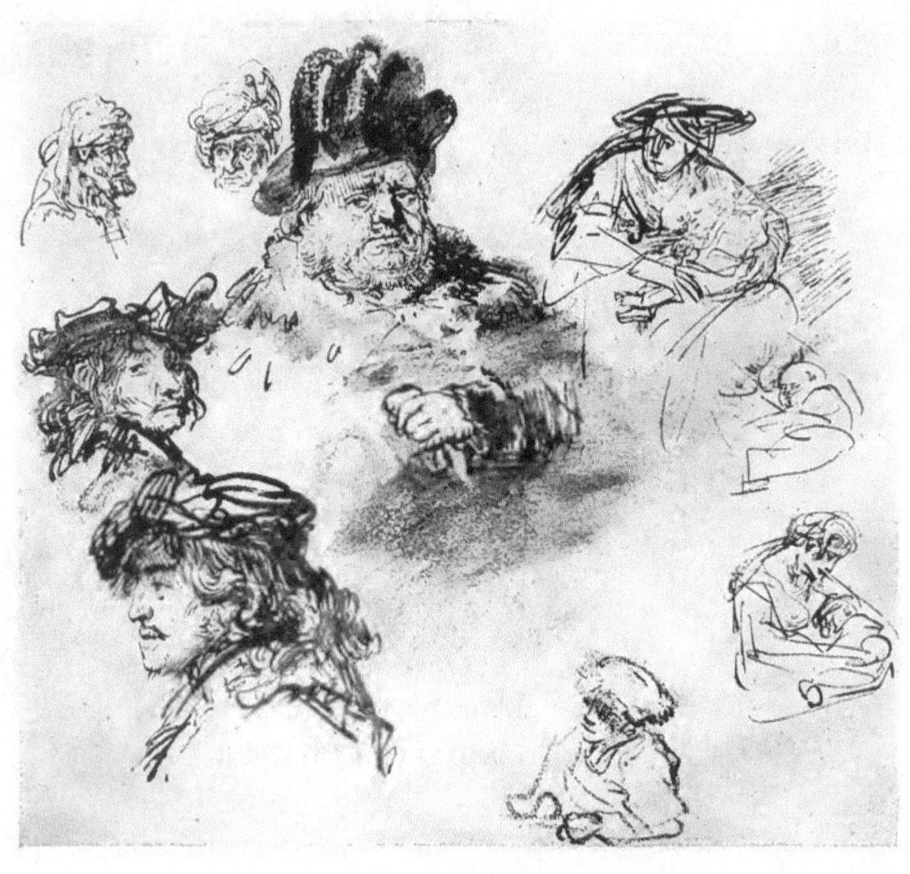

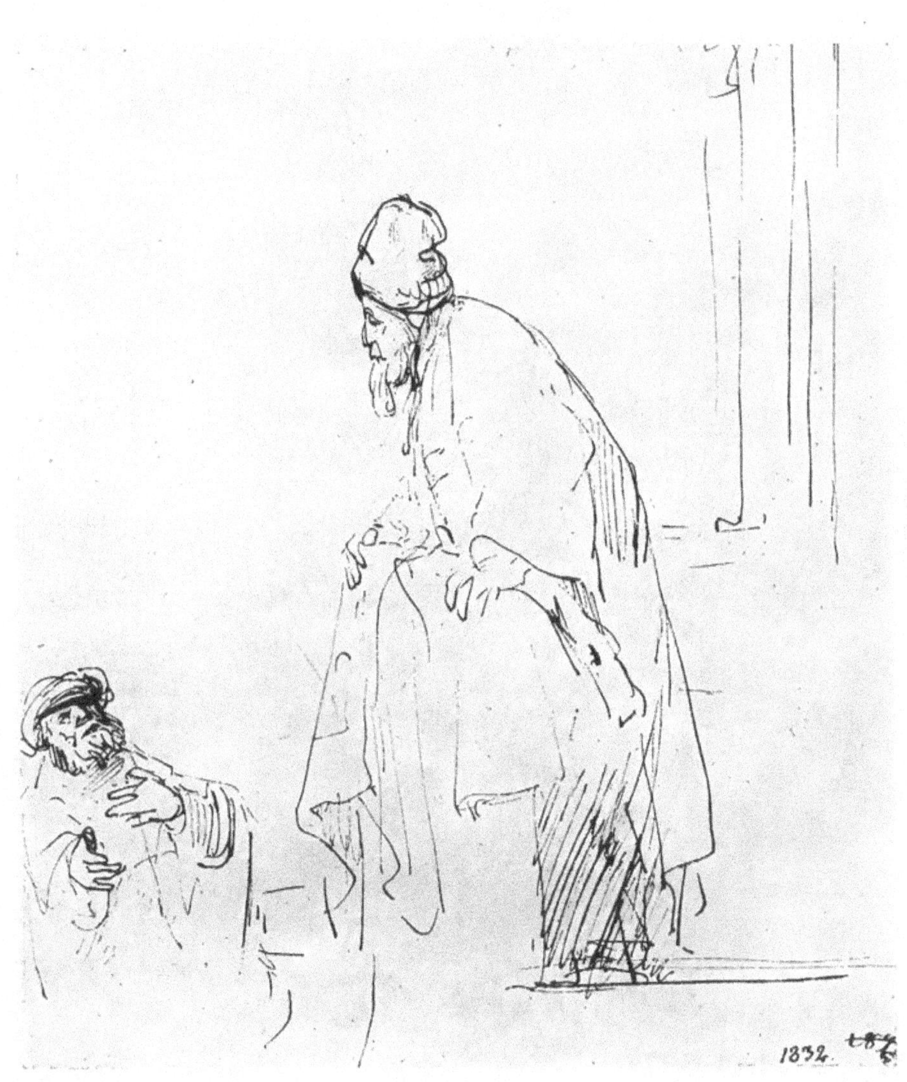
1832.

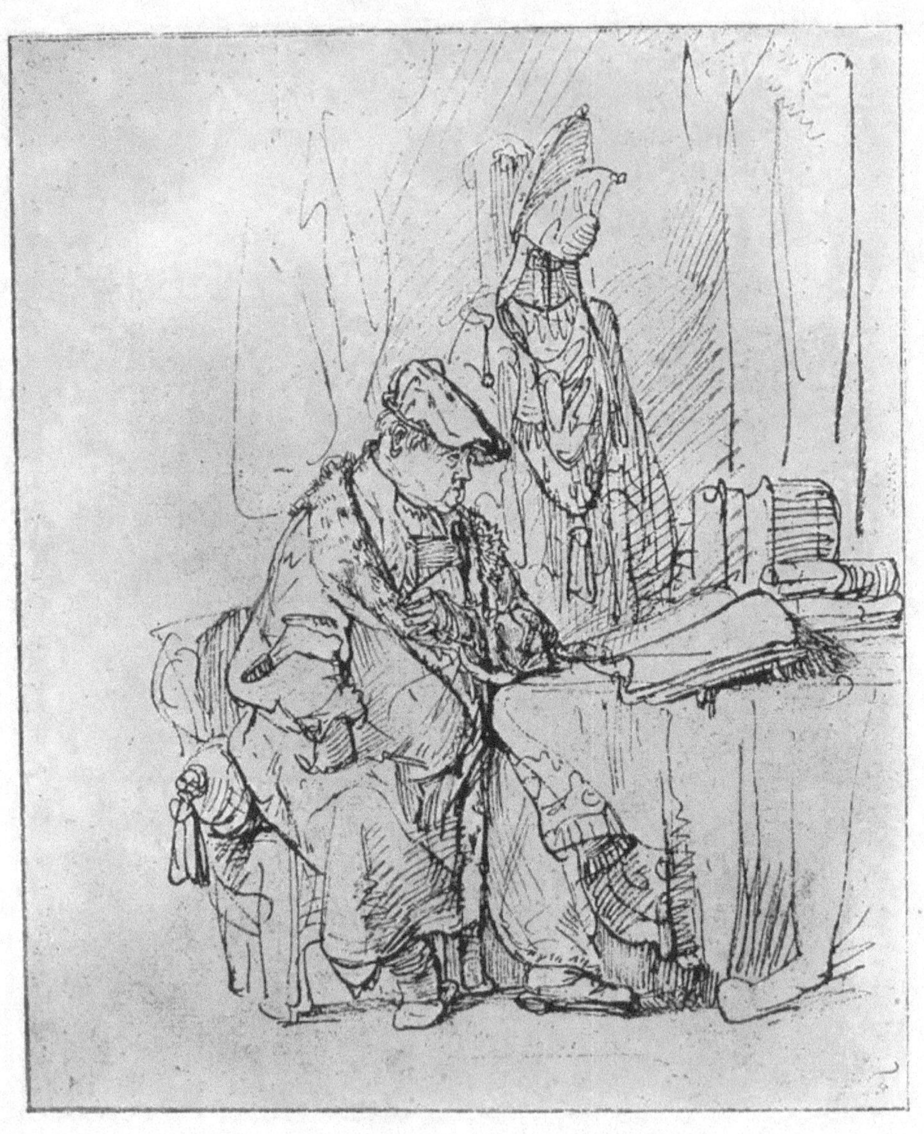

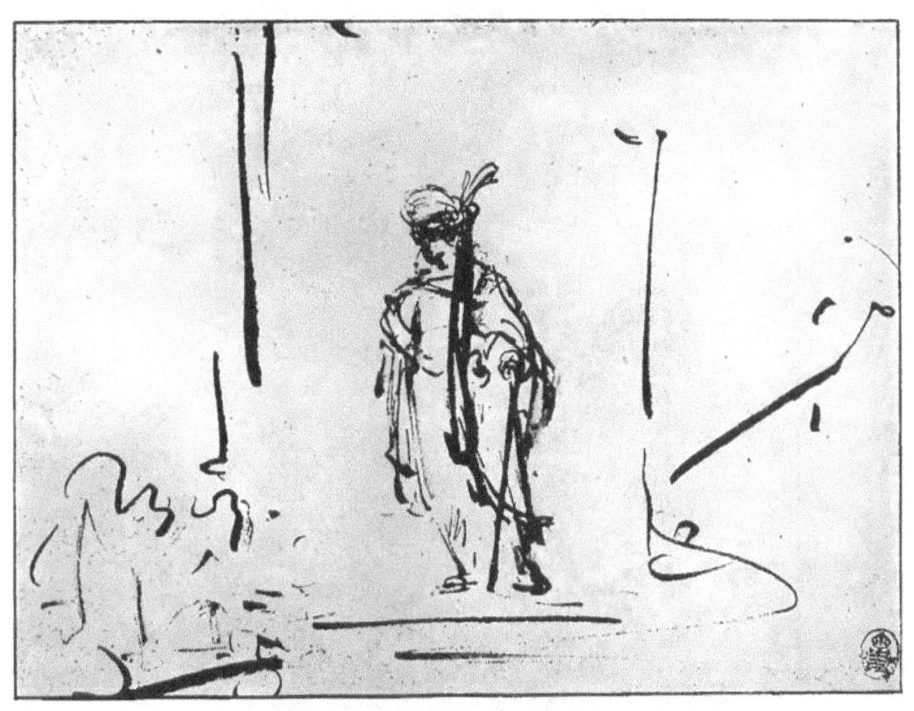

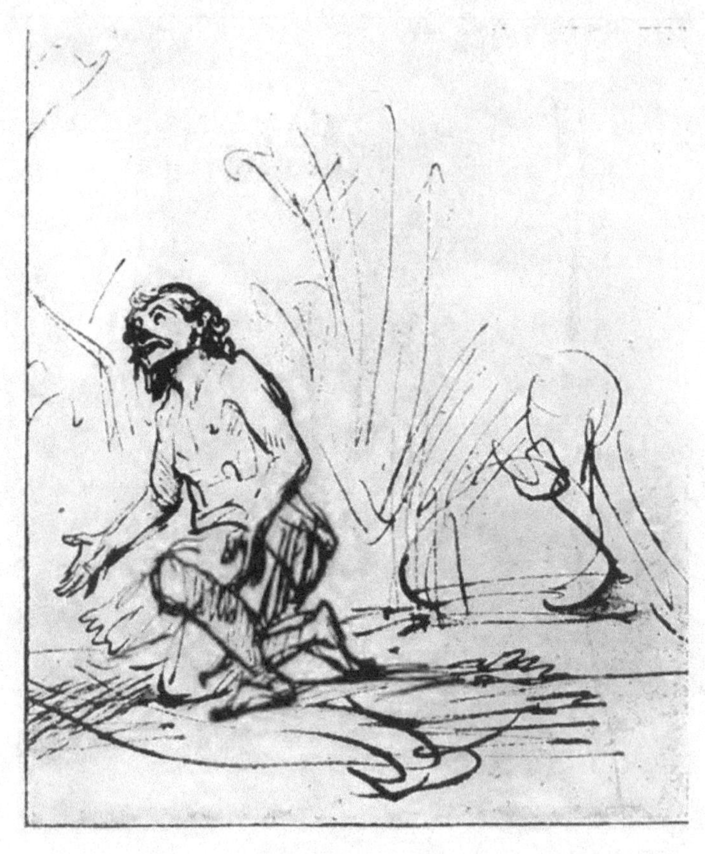

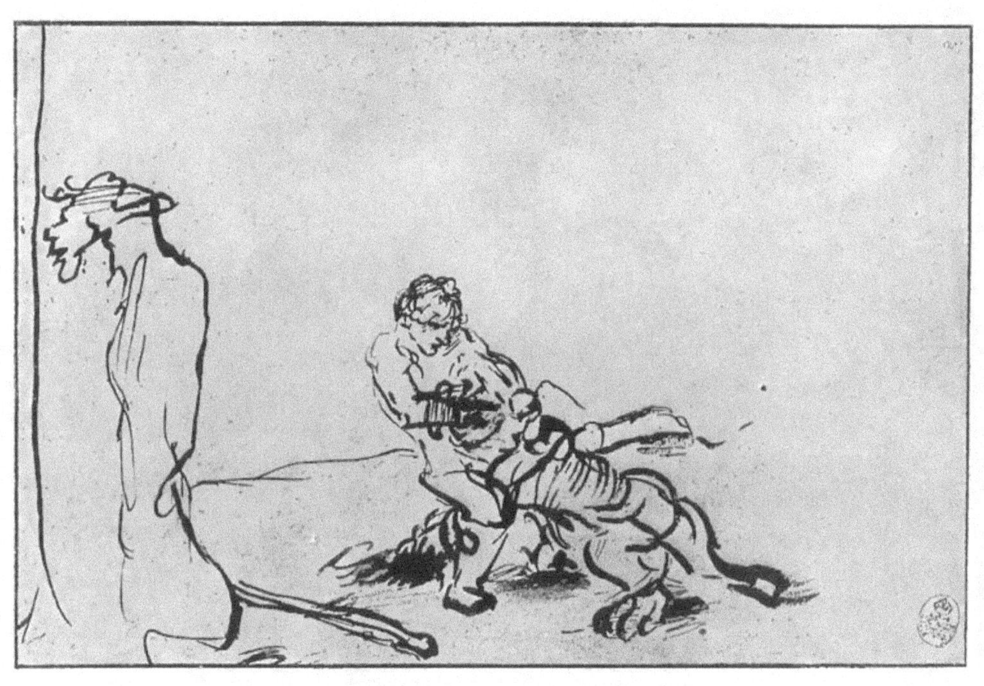

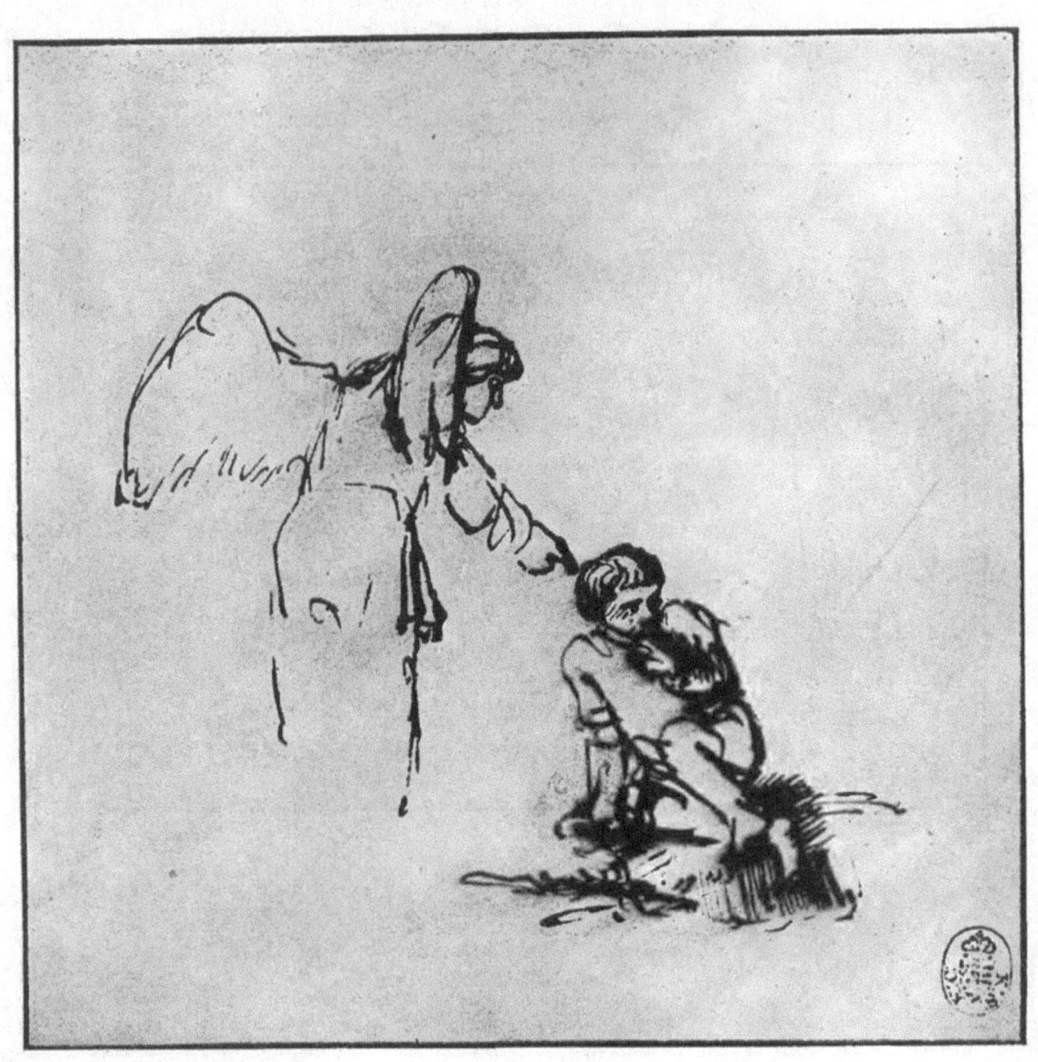

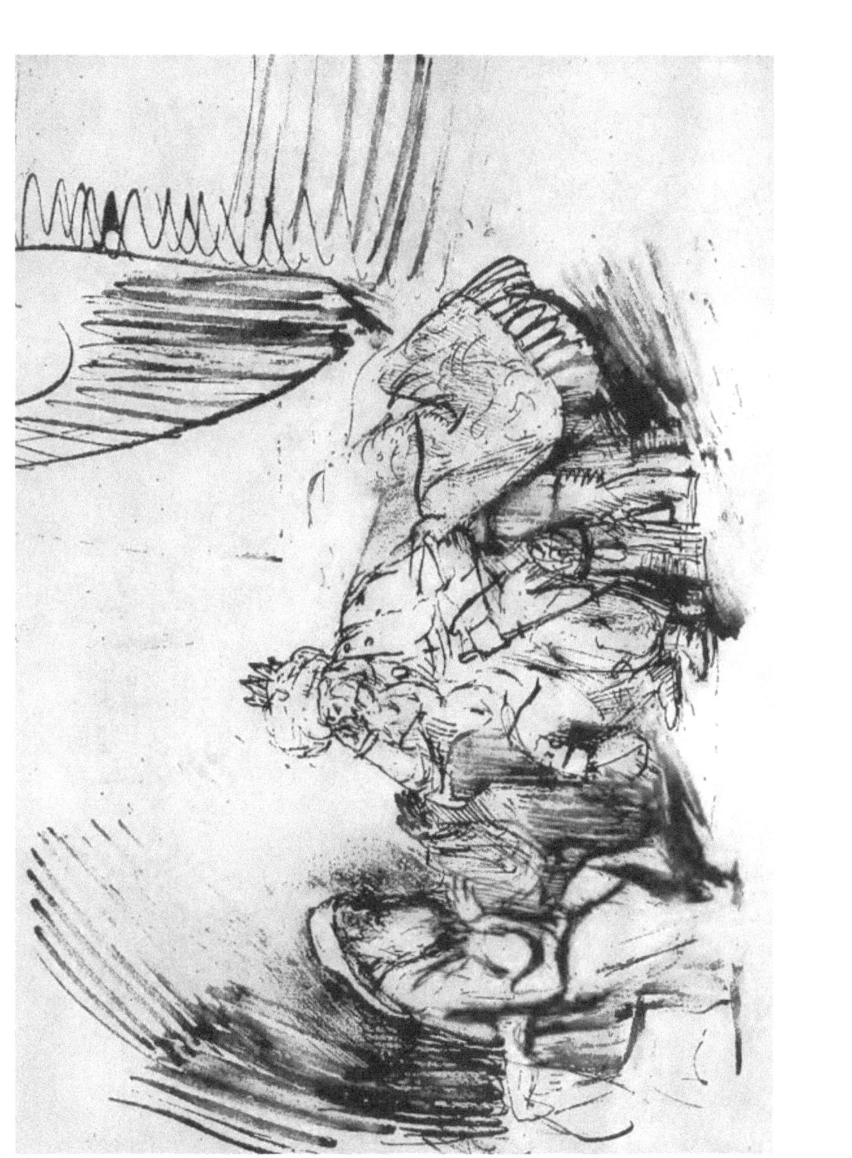

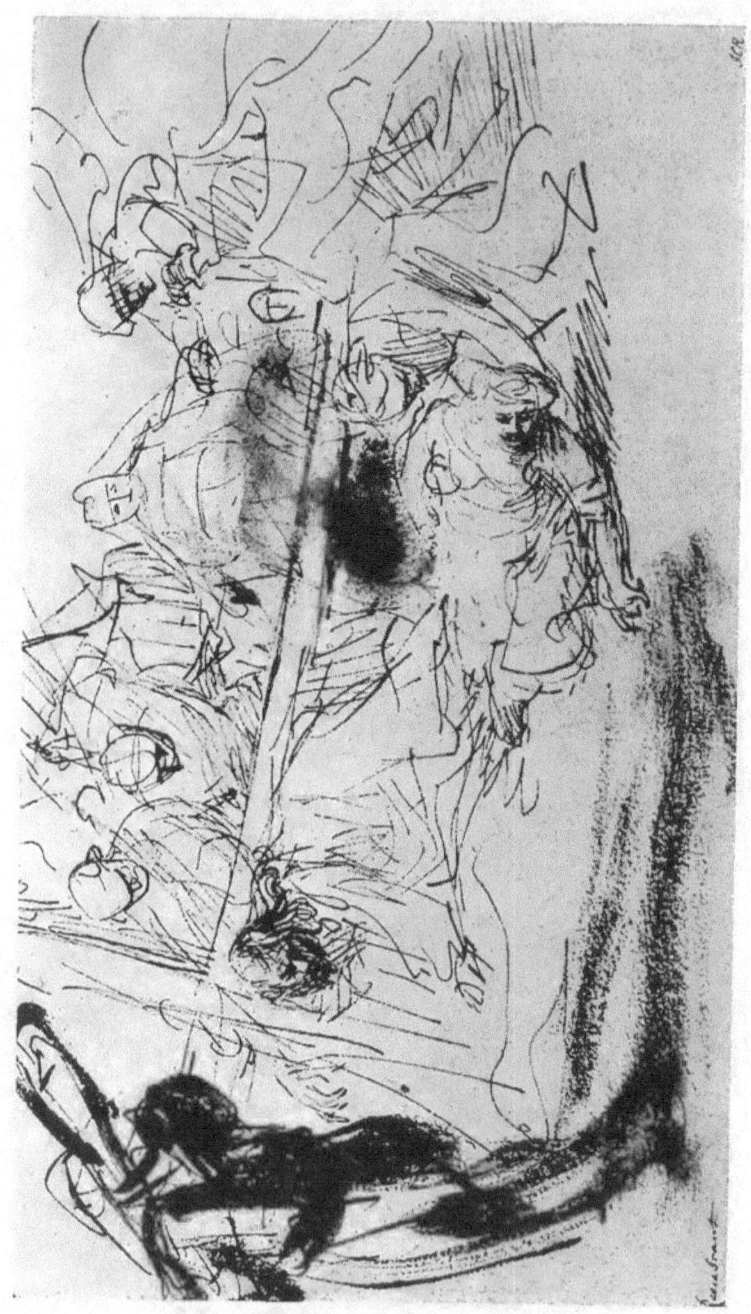

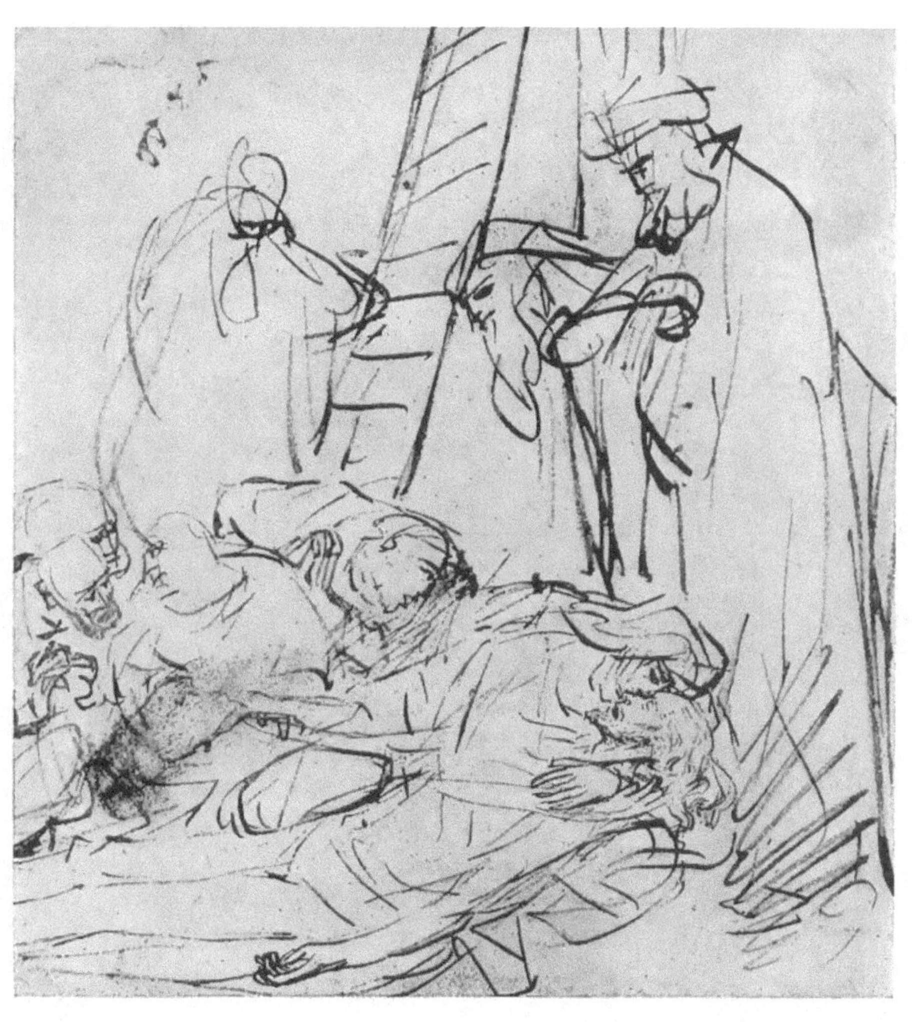

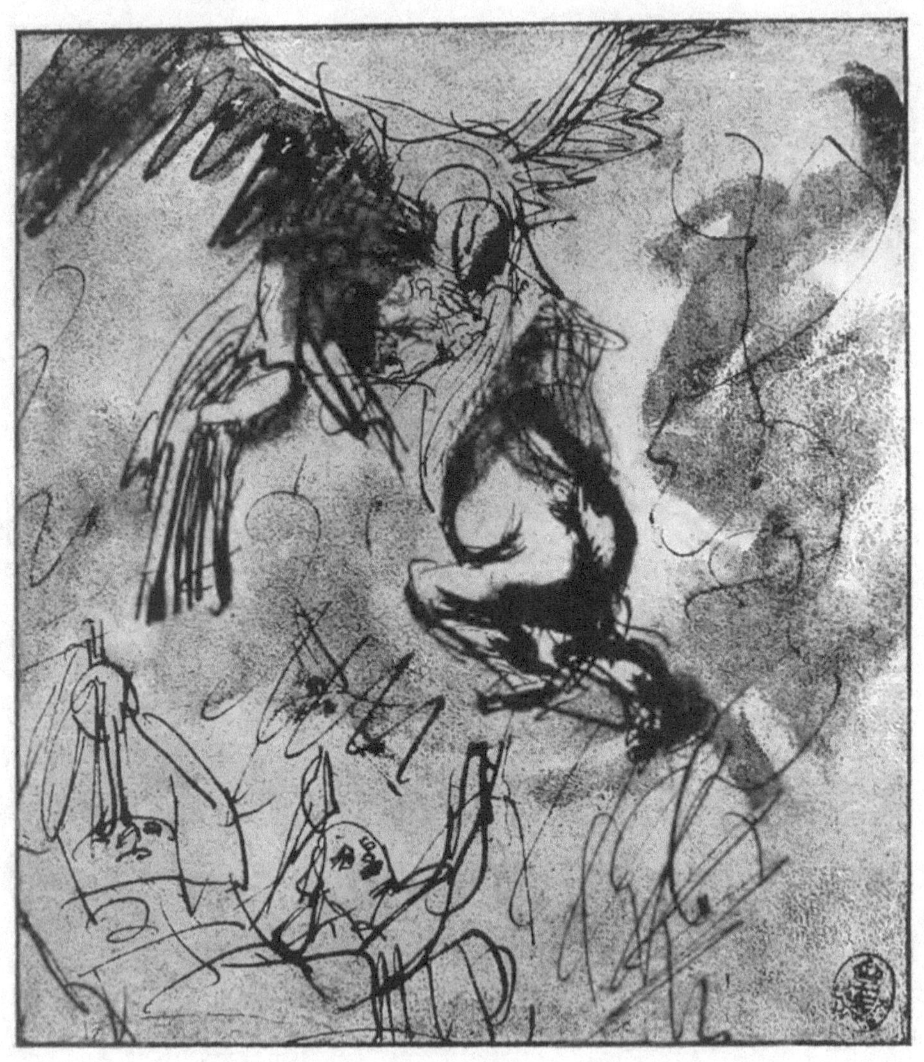

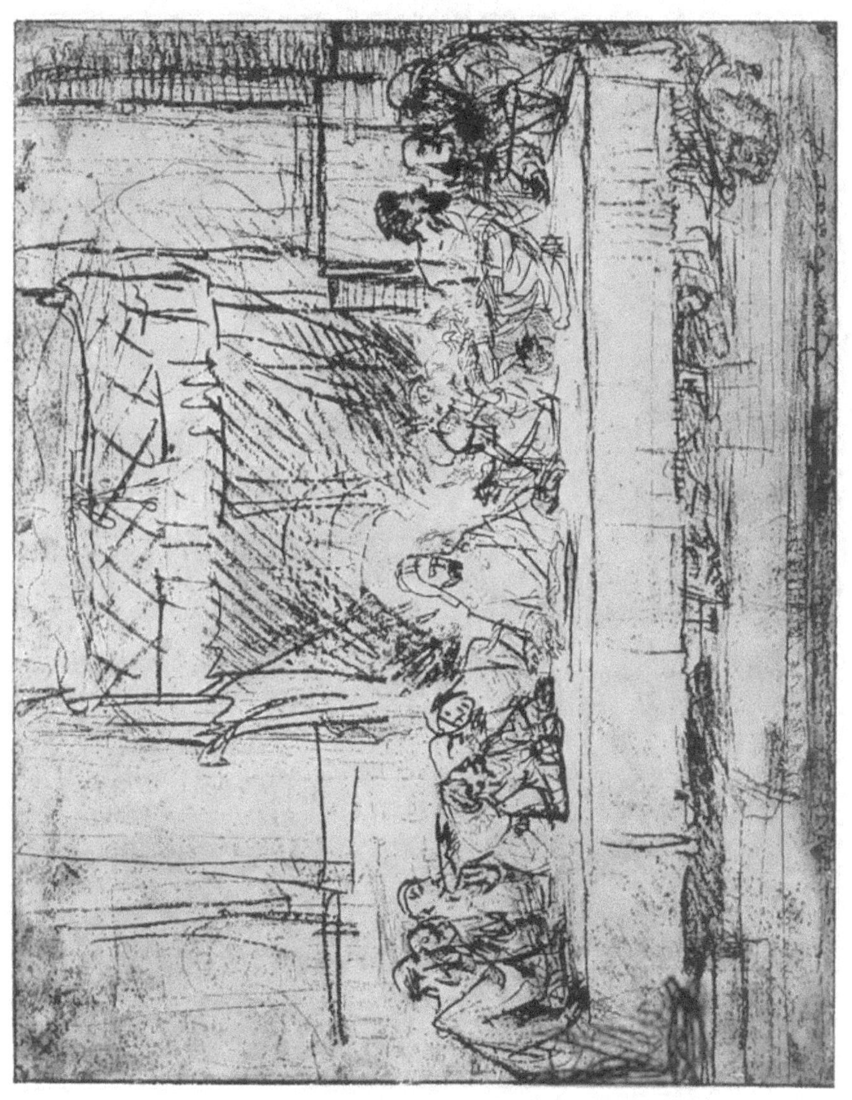

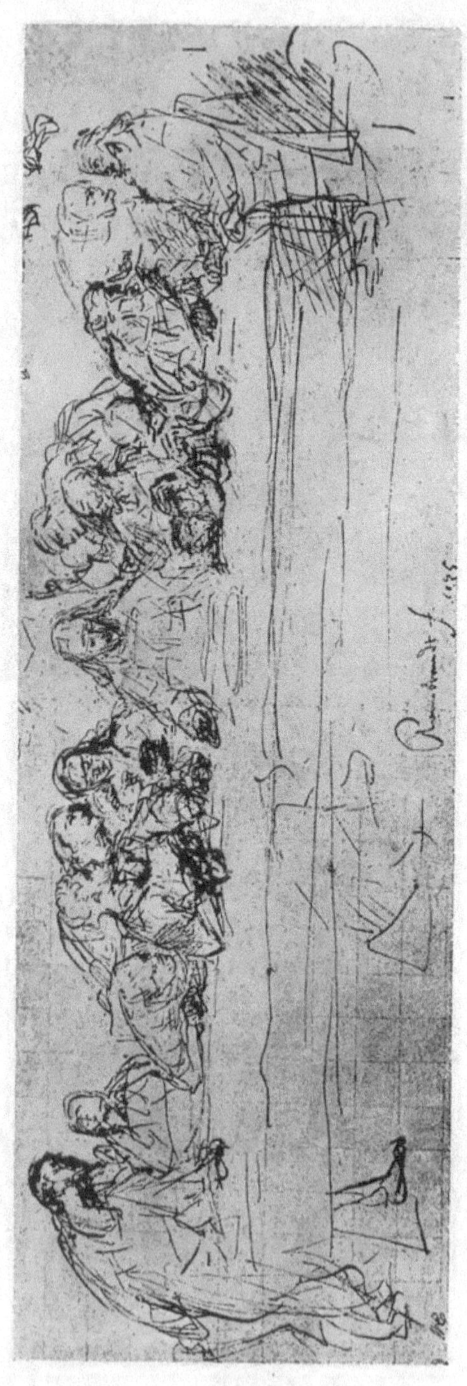

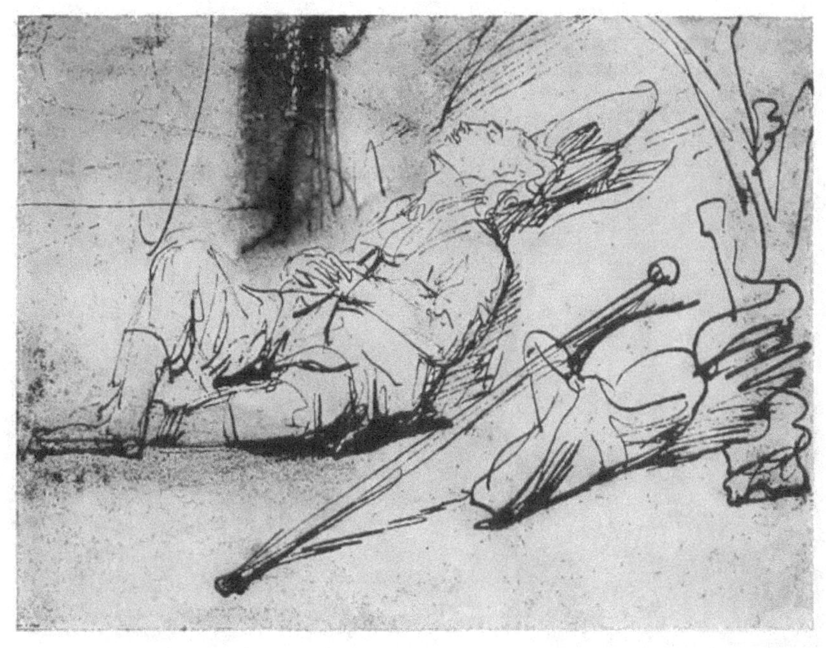

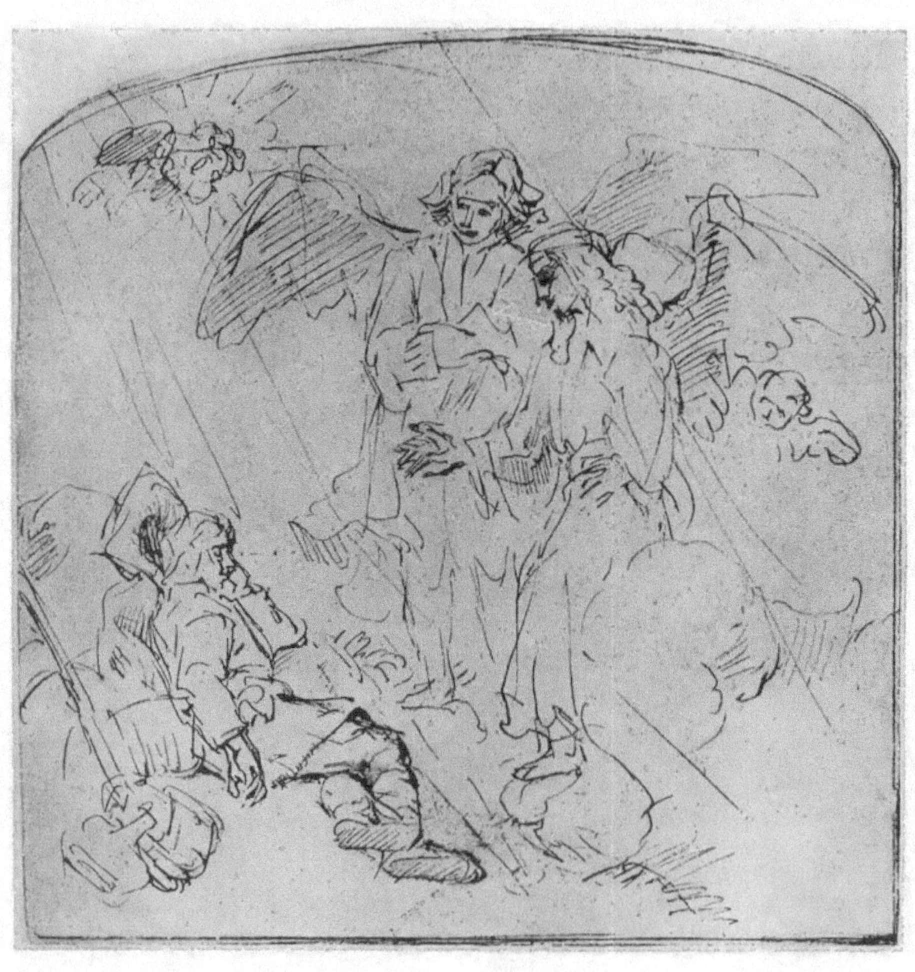

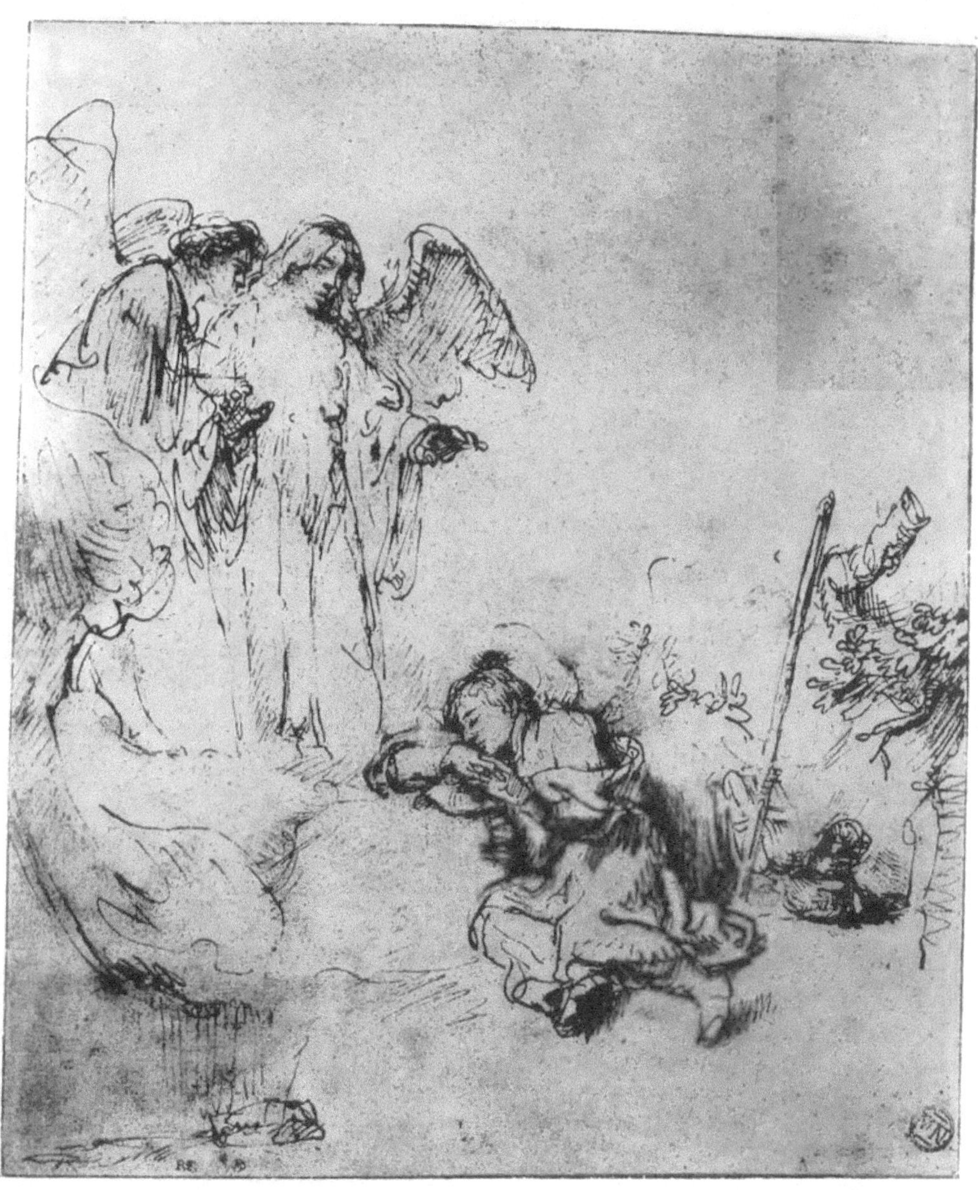

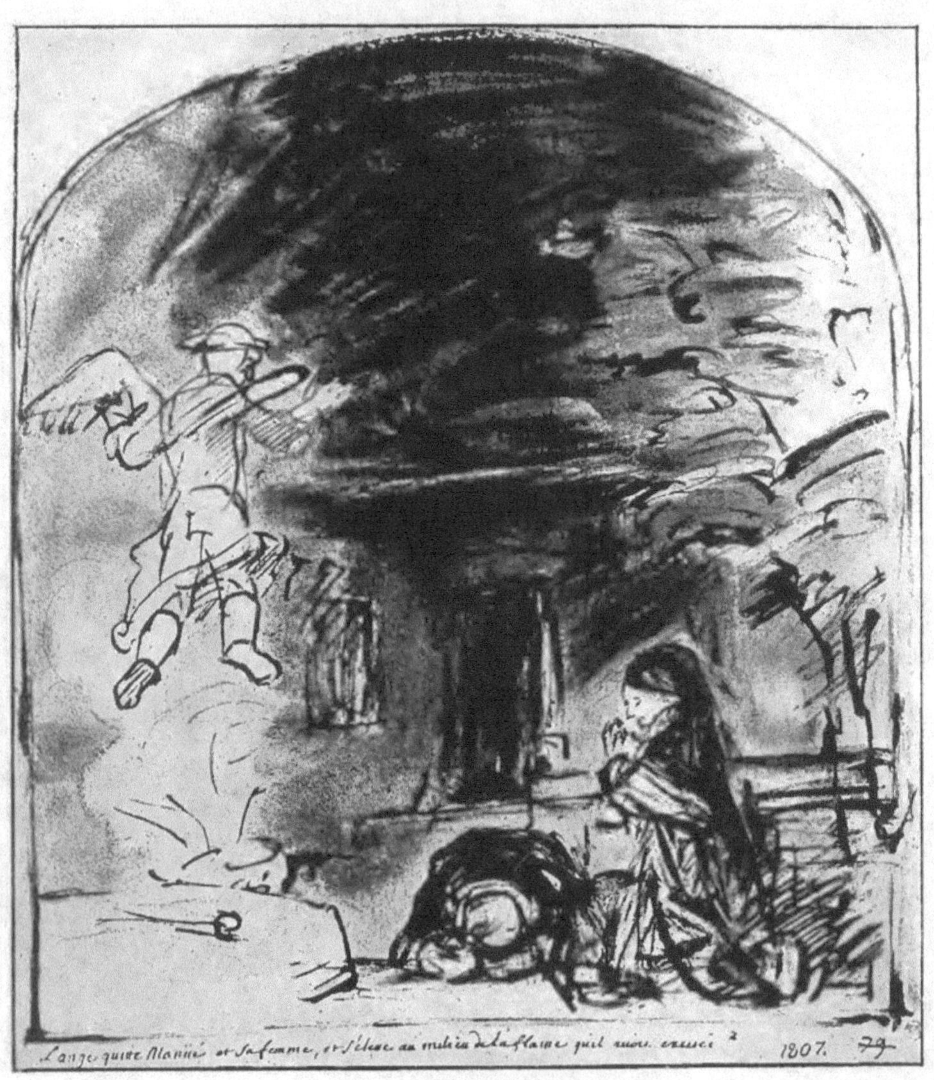
1807.

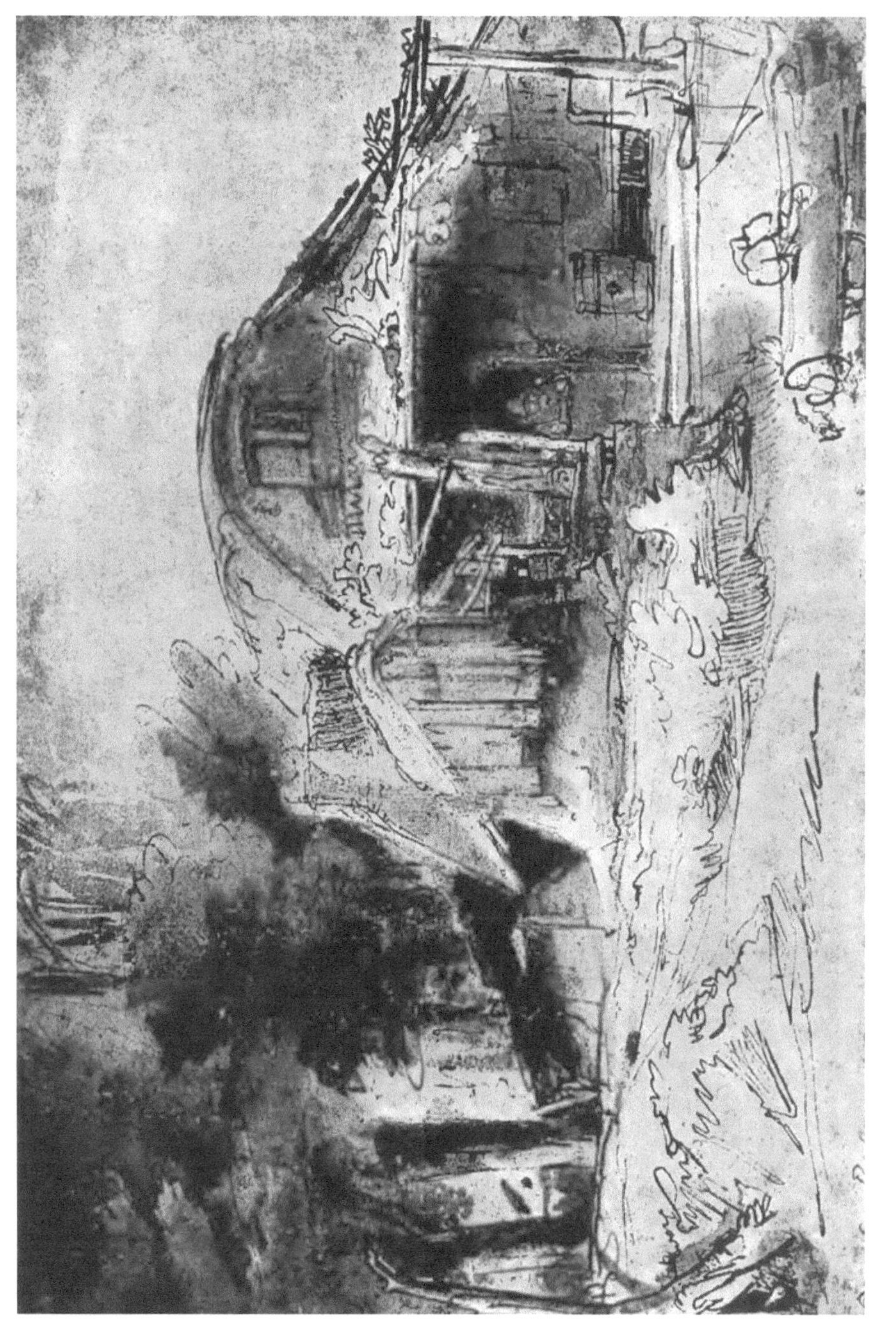

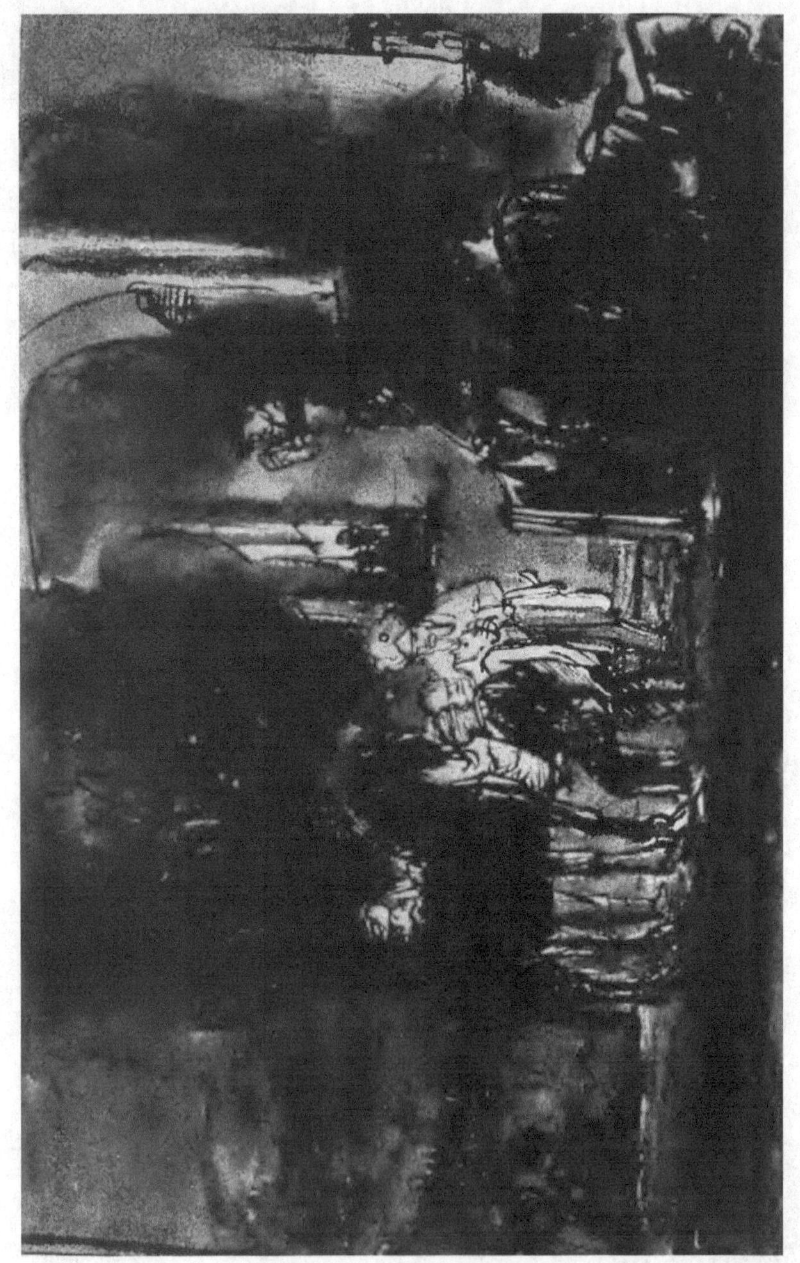

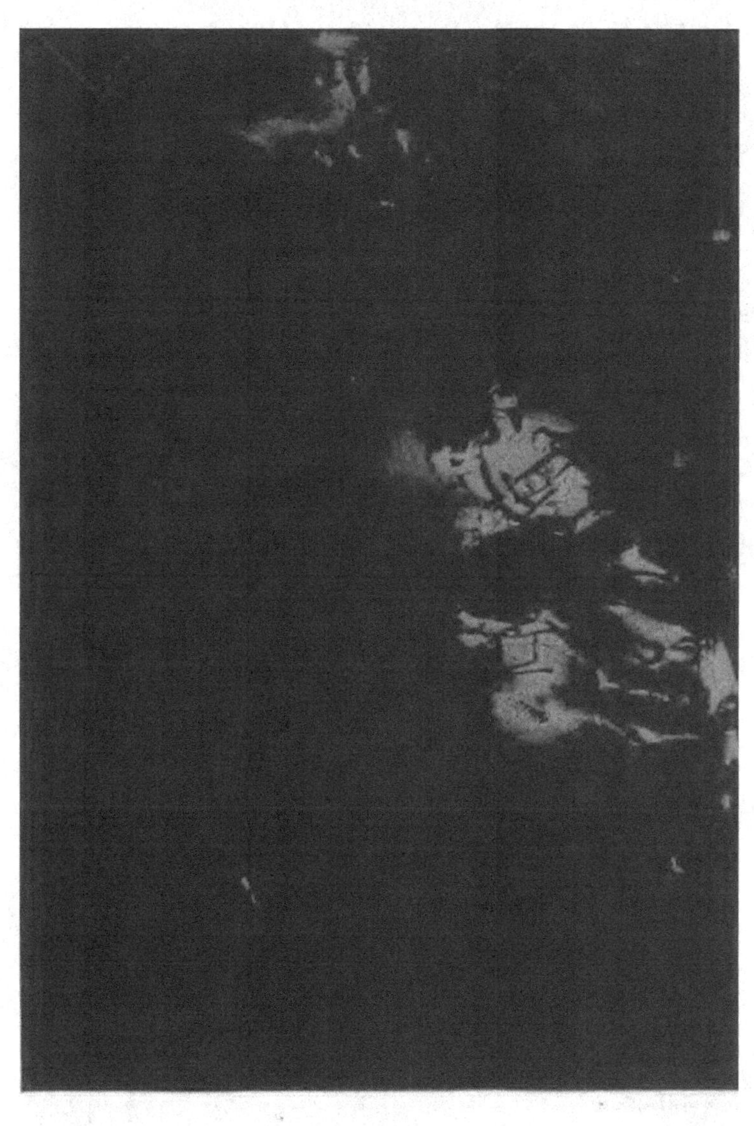

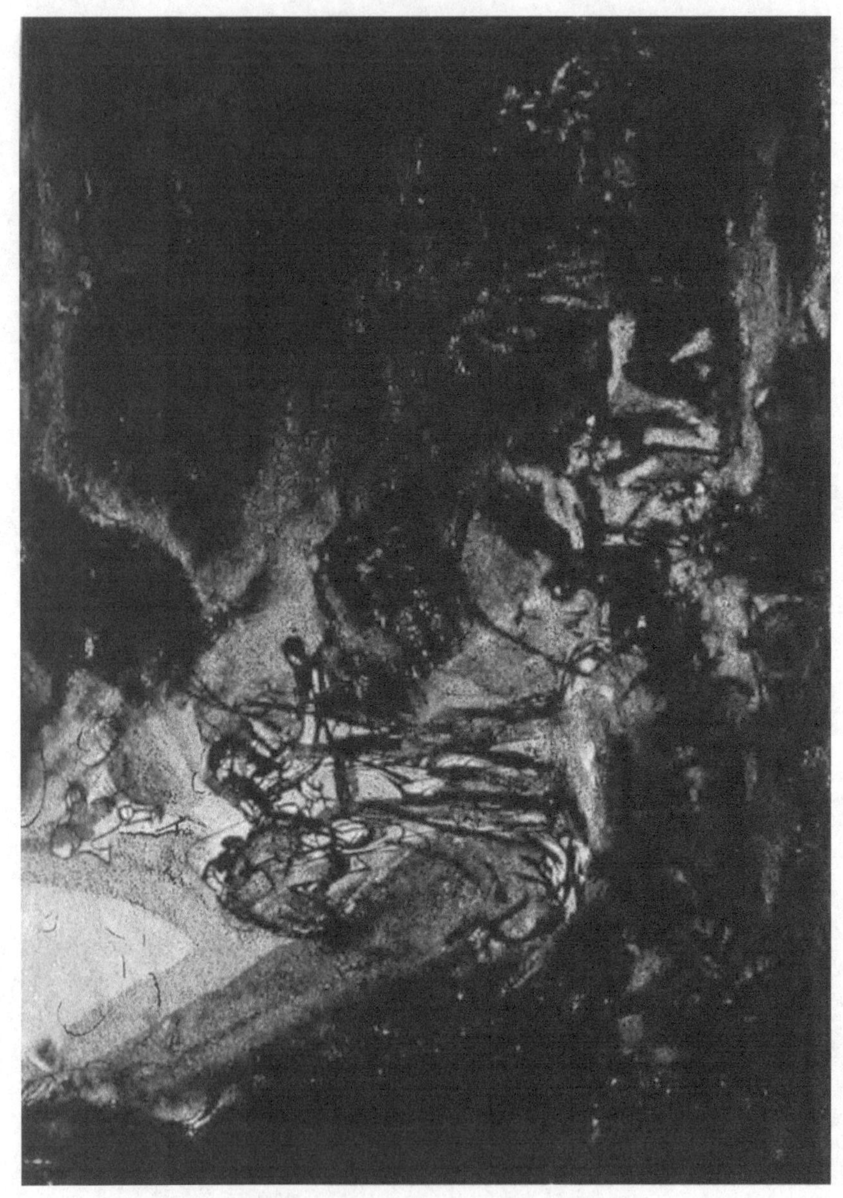

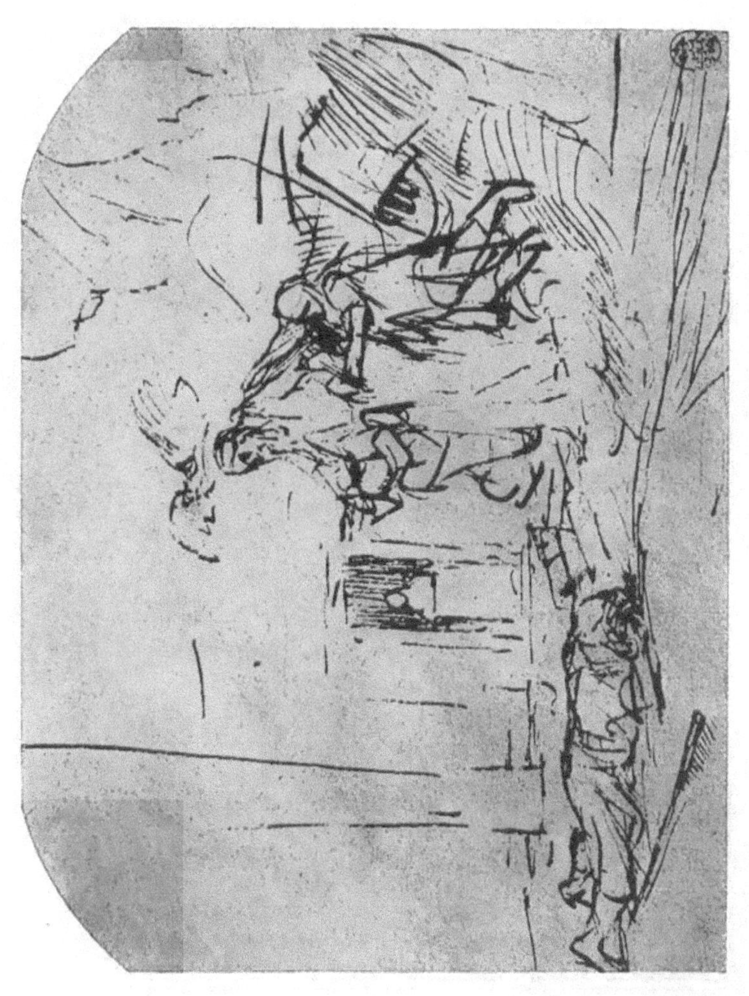

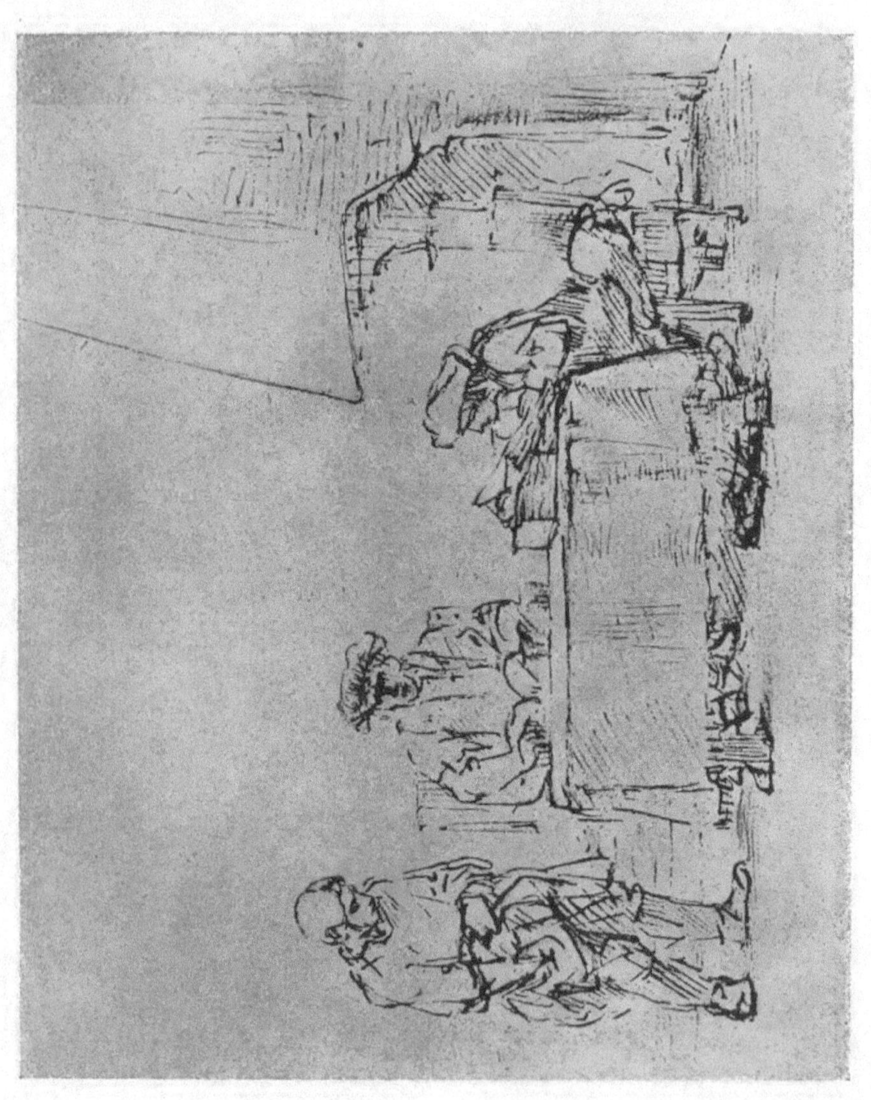

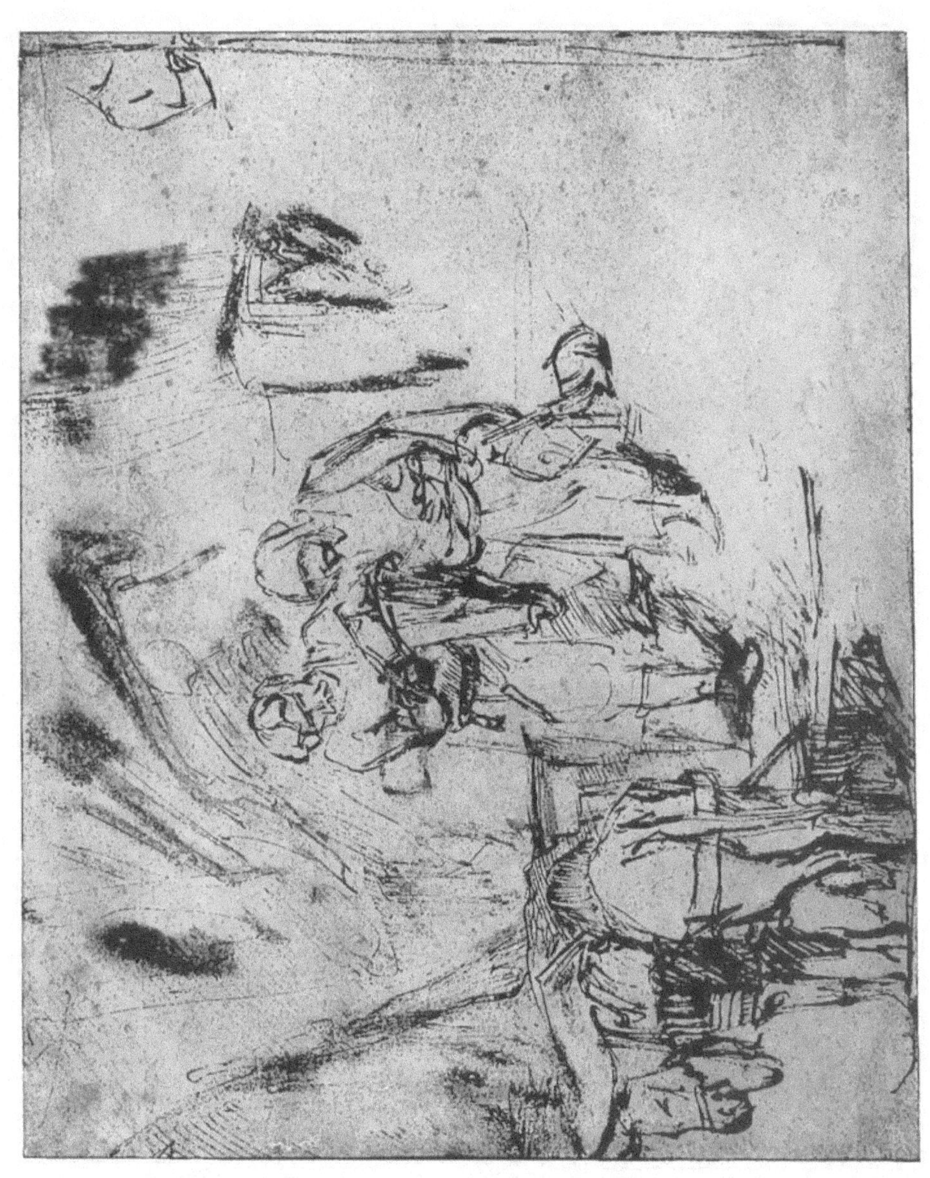

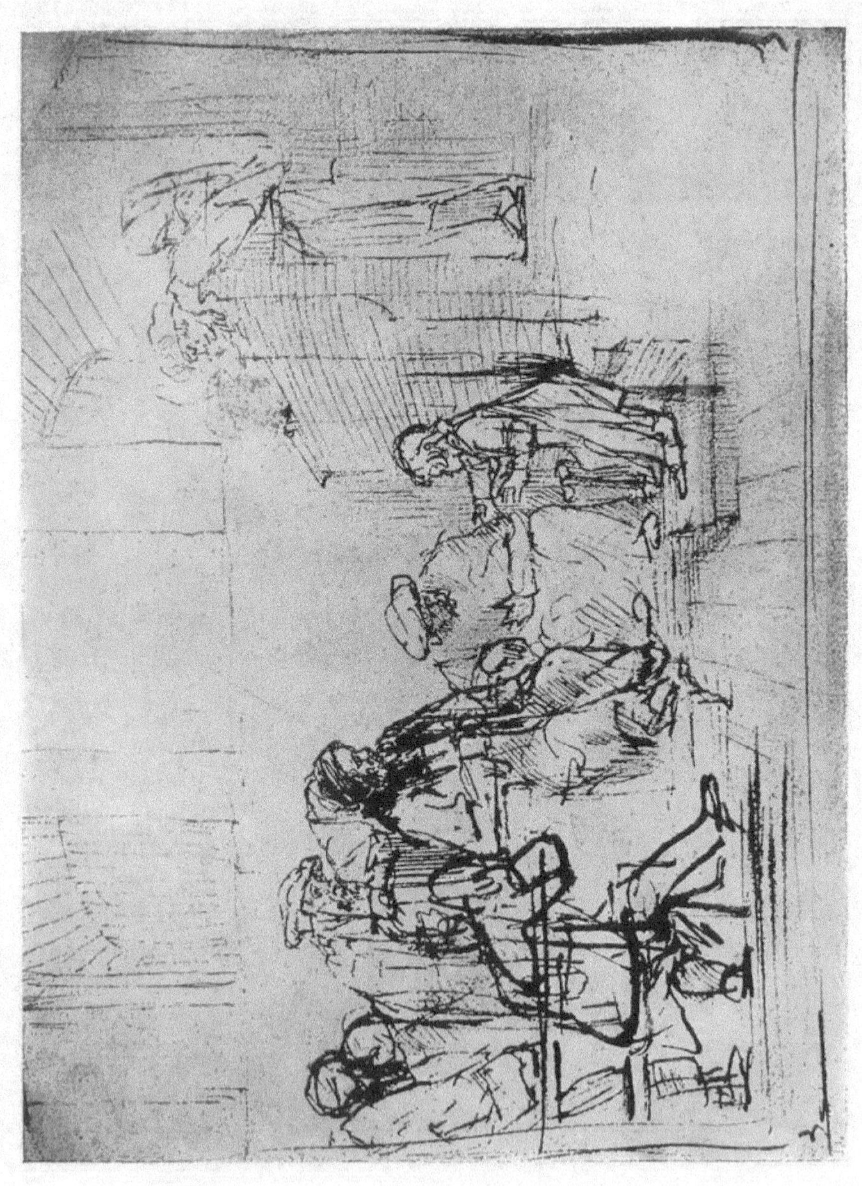

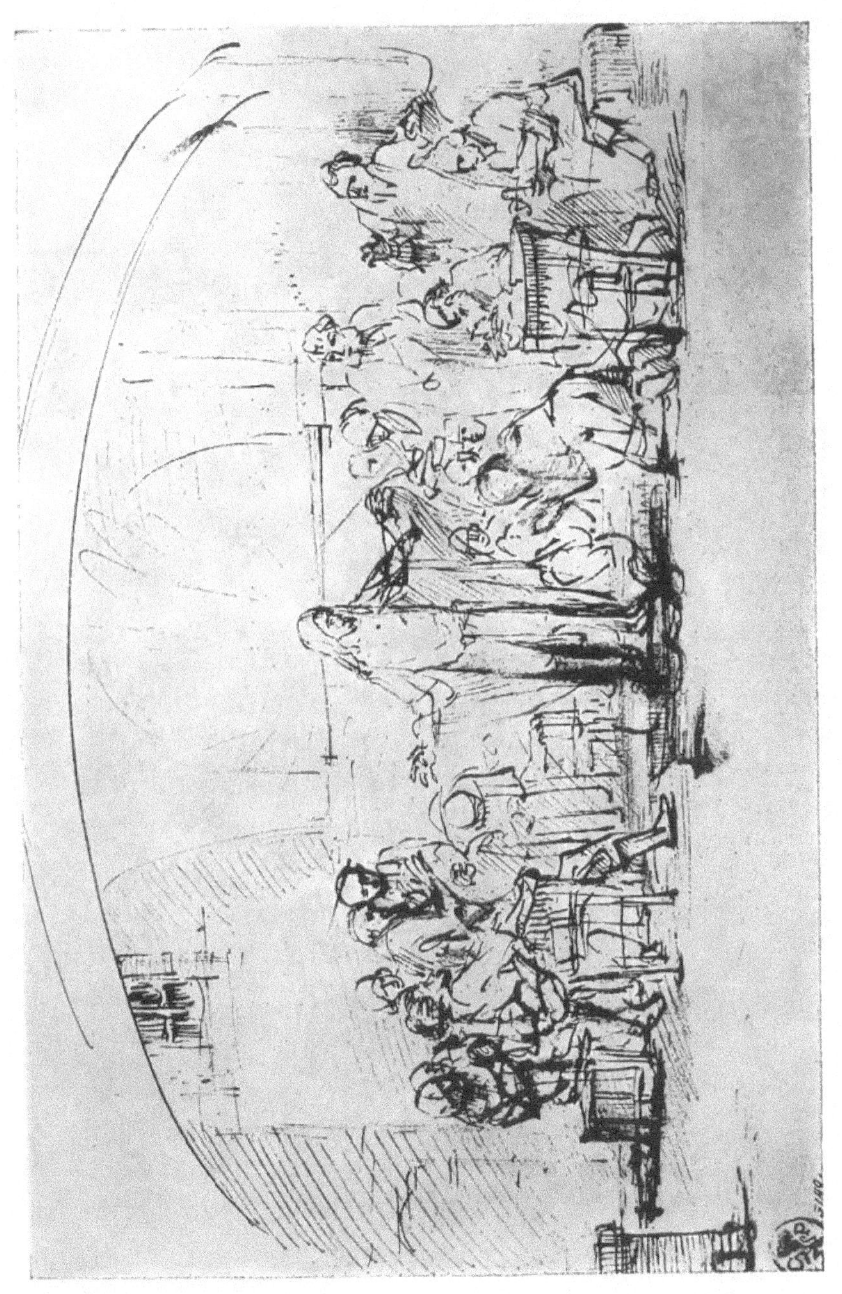

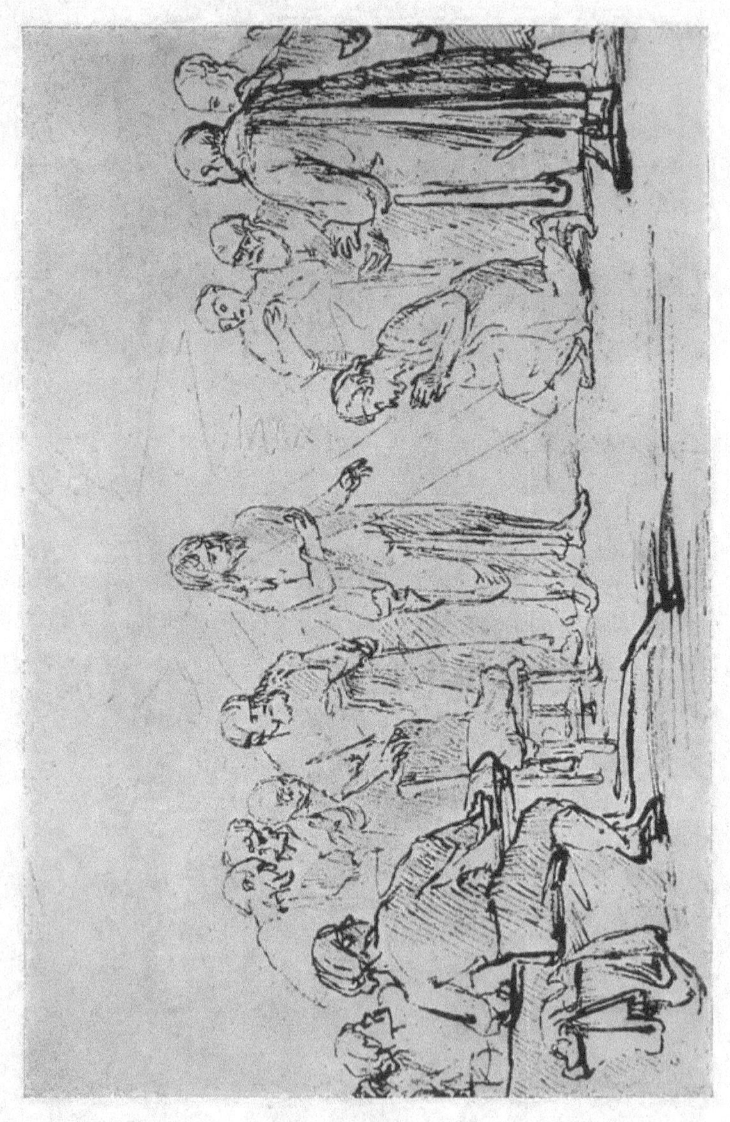

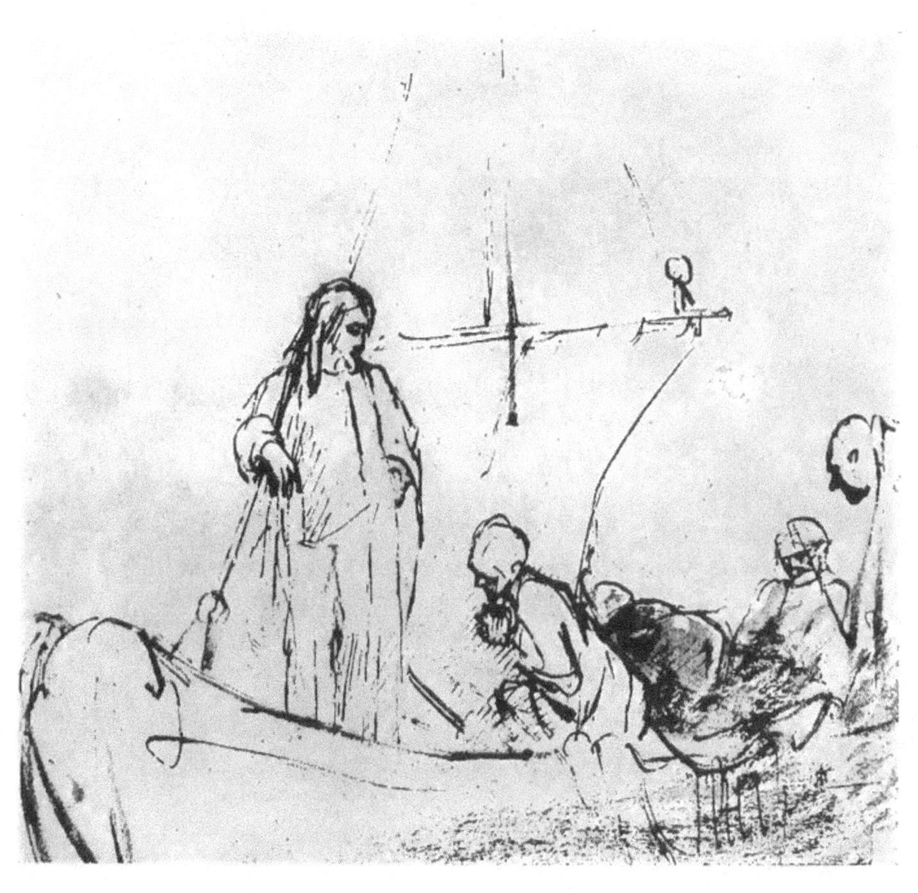

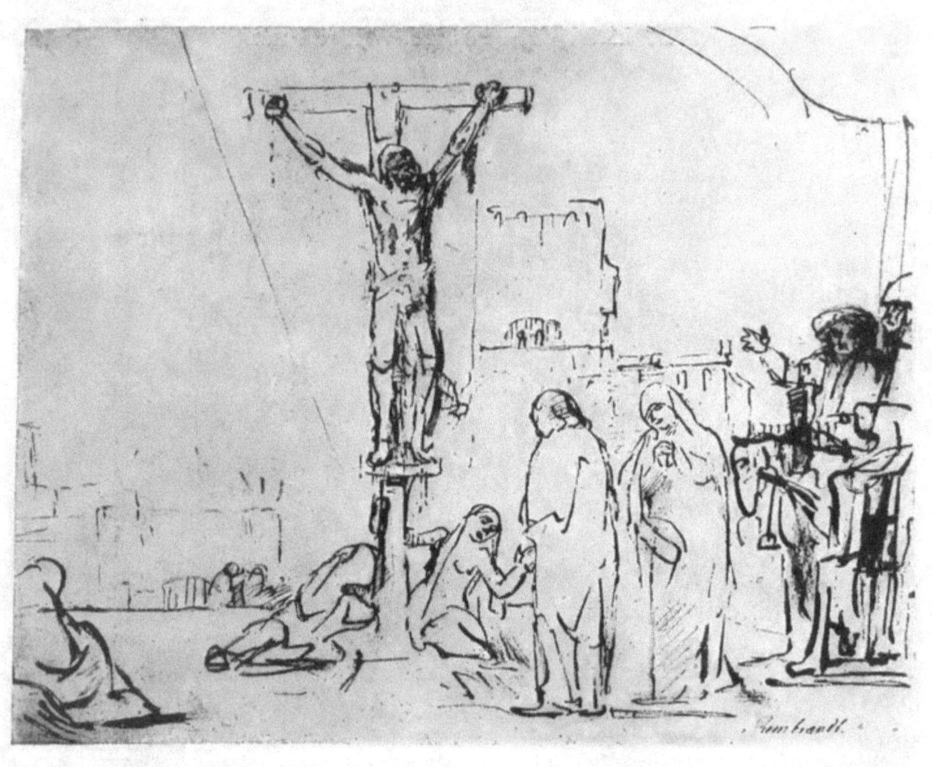
Rembrandt.

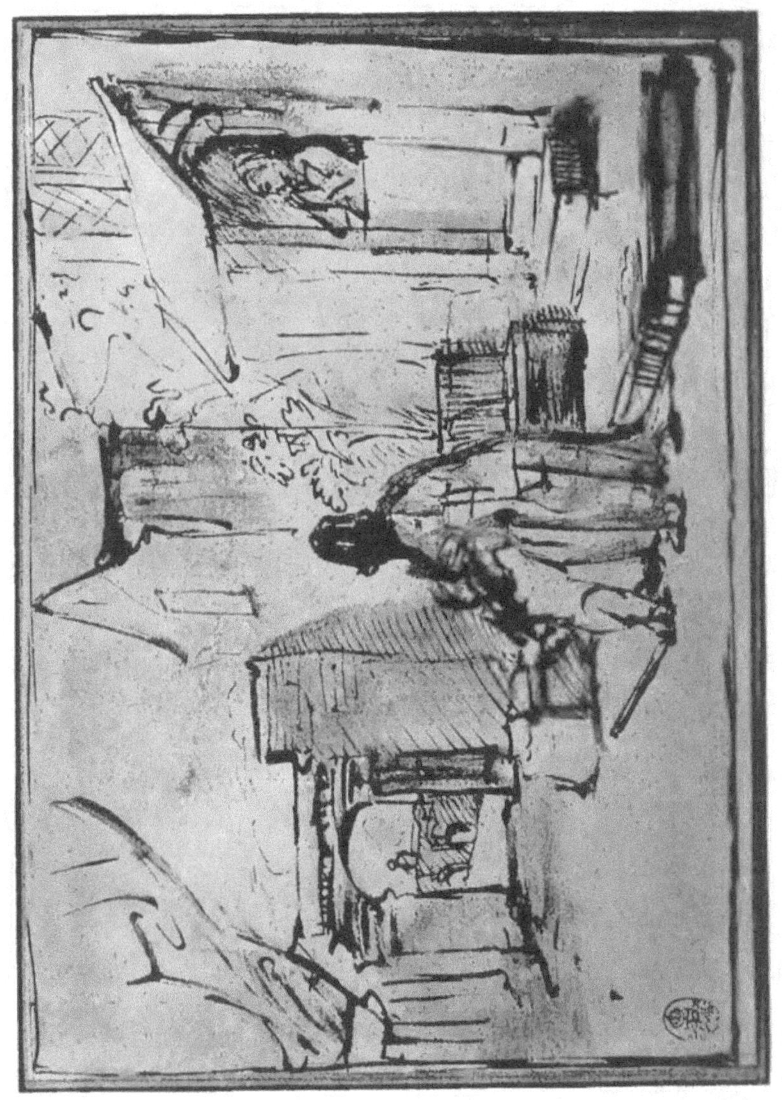

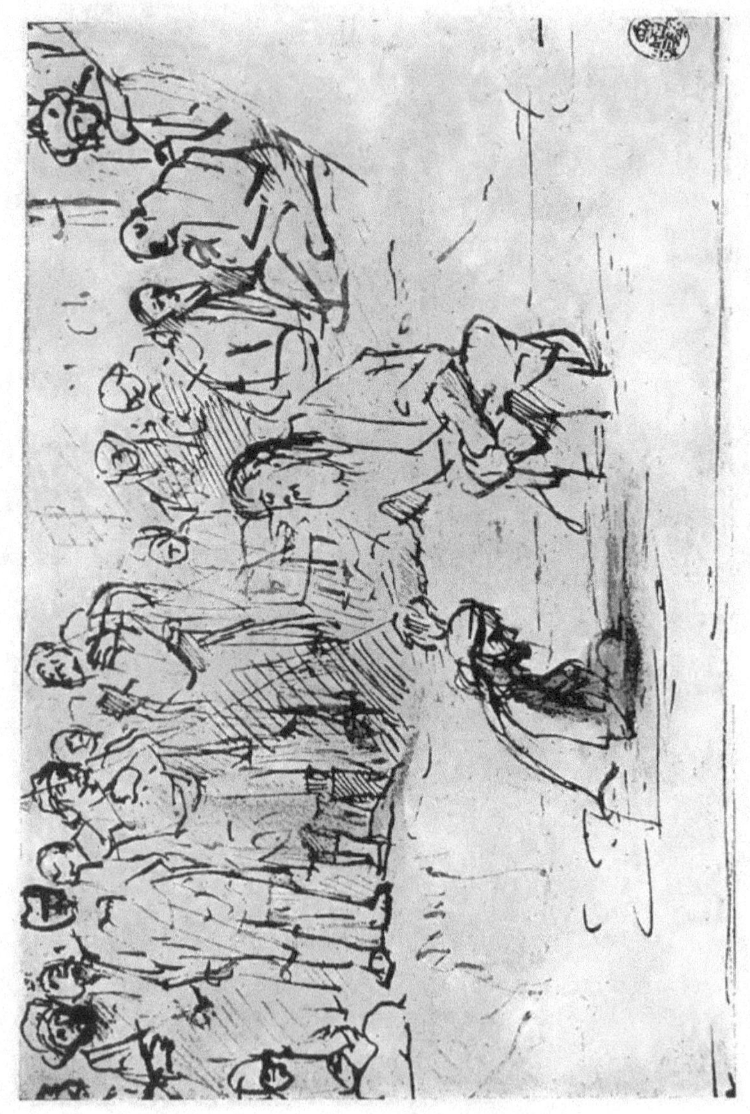

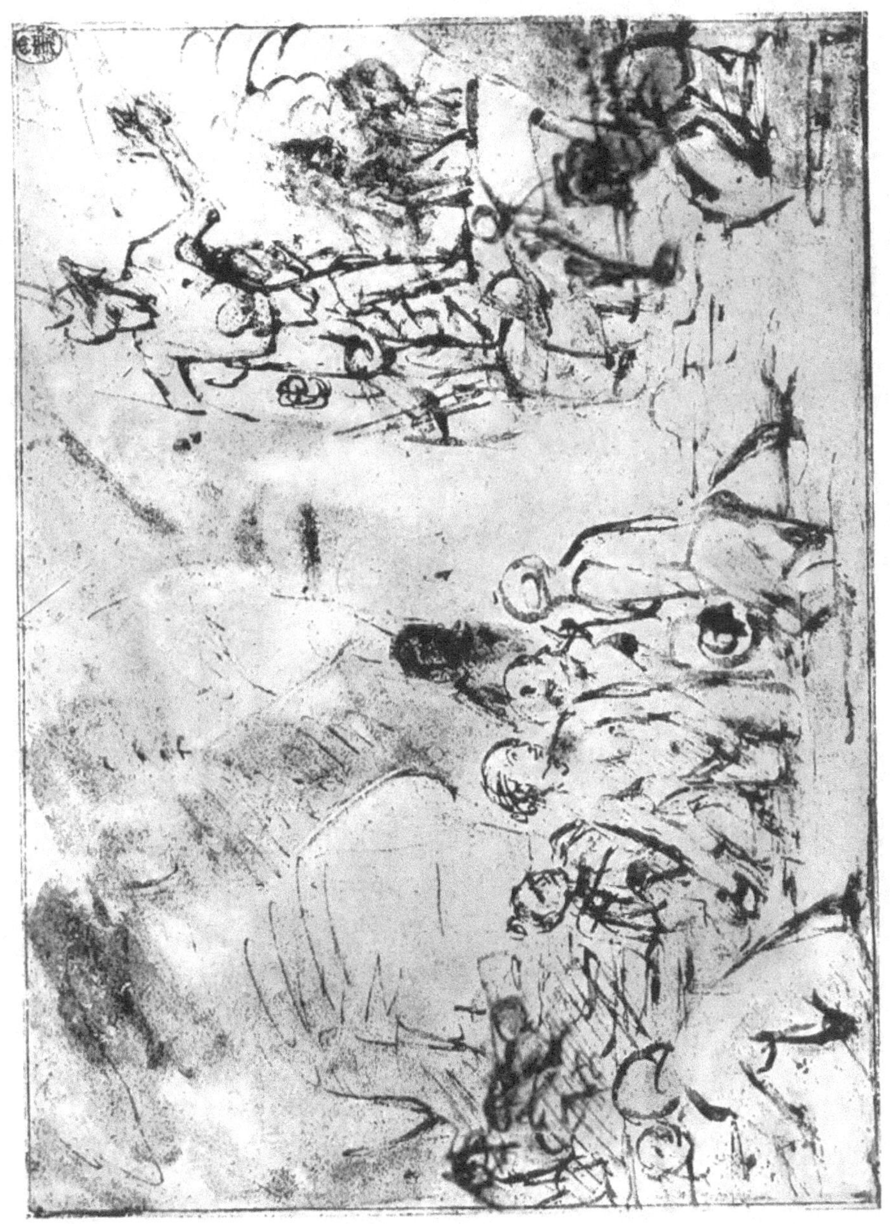

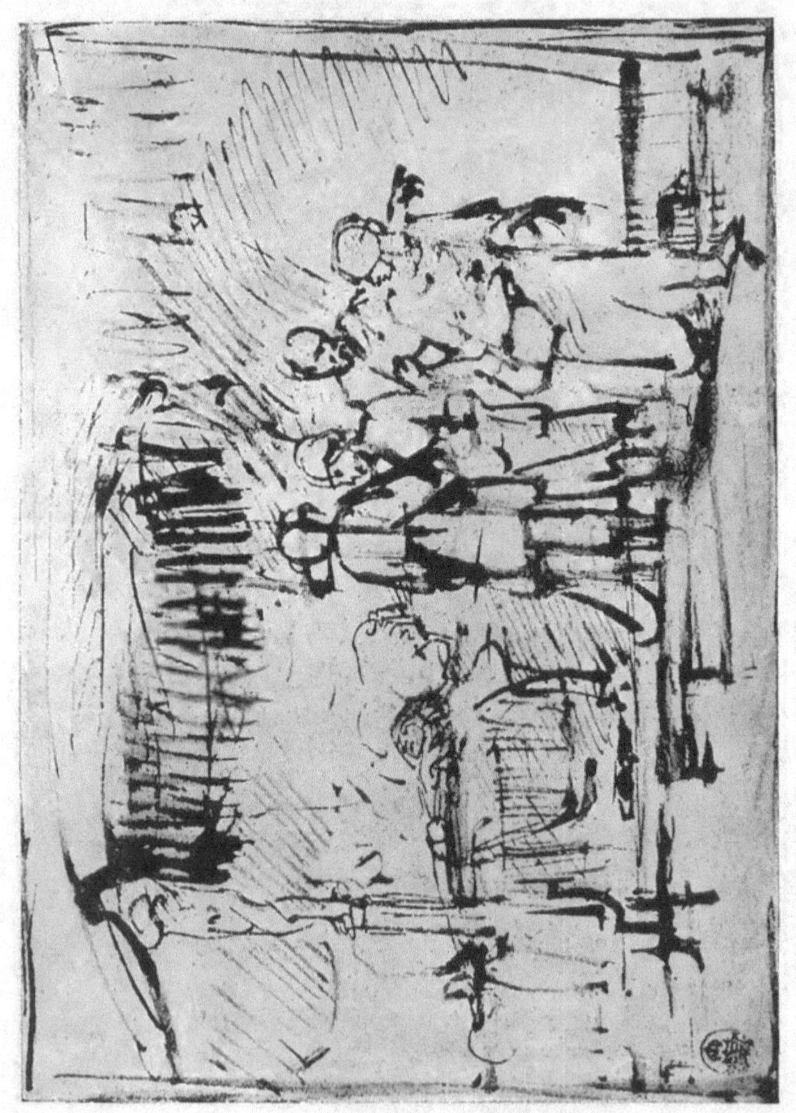

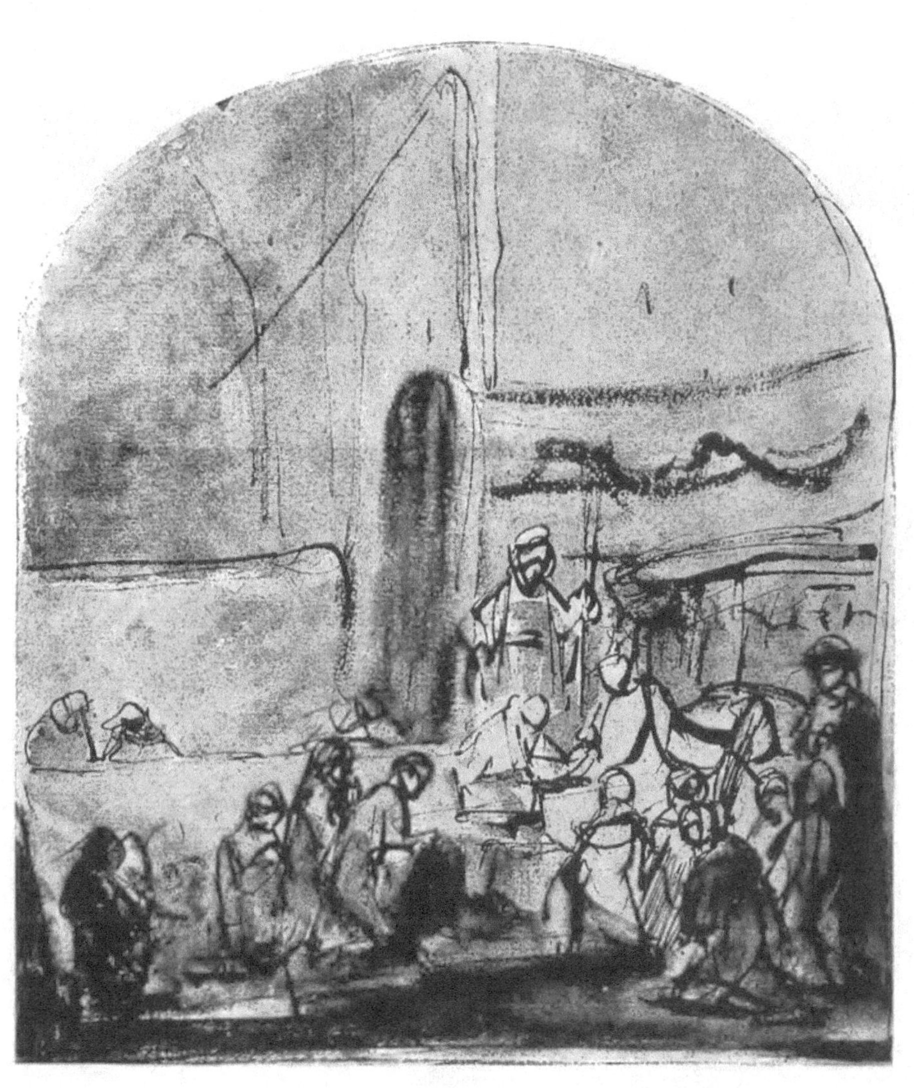

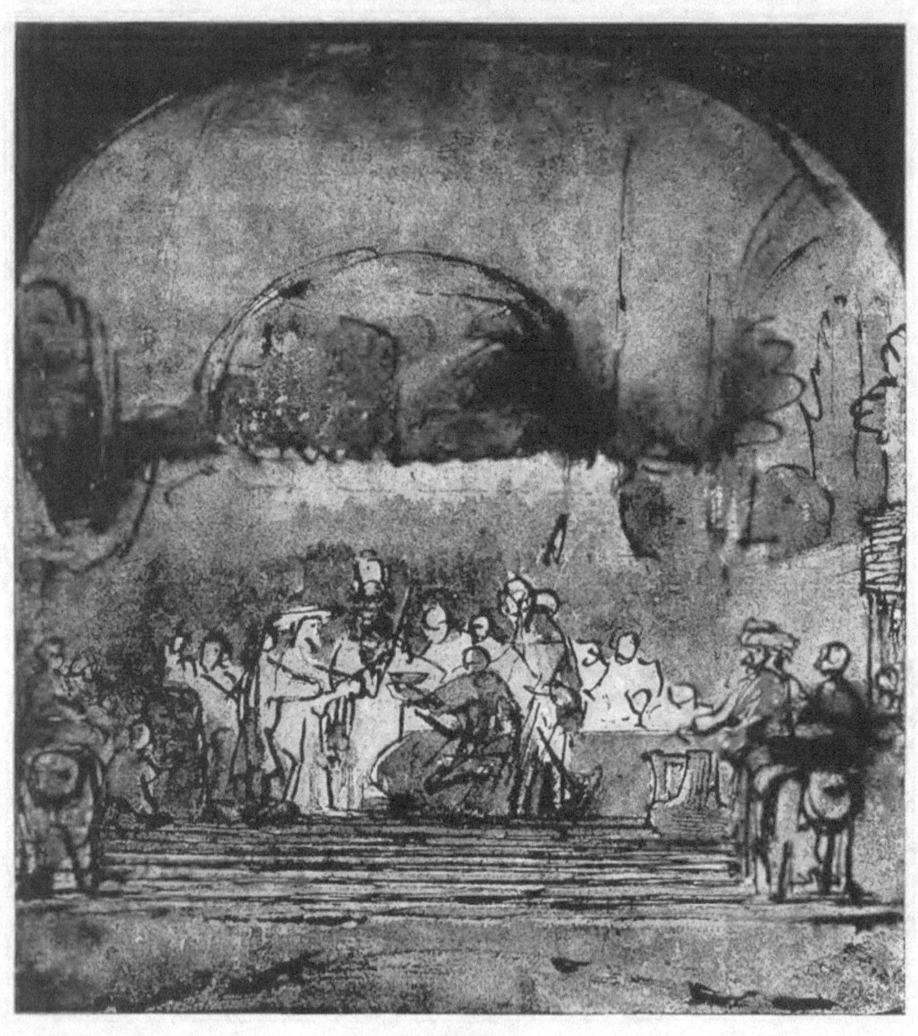

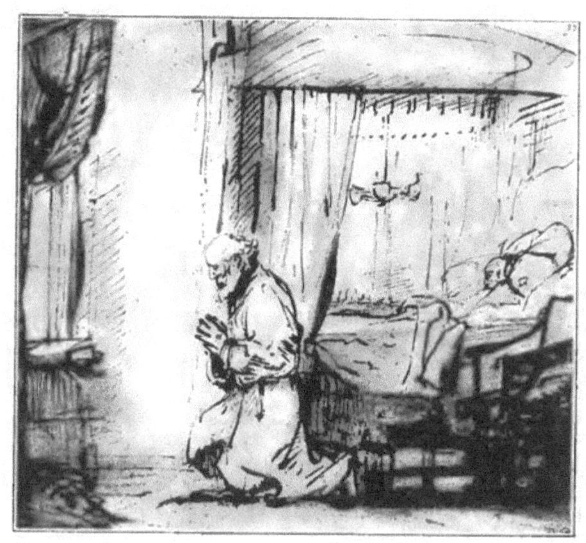

REMBRANDT

Homme à genoux priant auprès d'un malade (n° 159).

3.

Original und Kopie

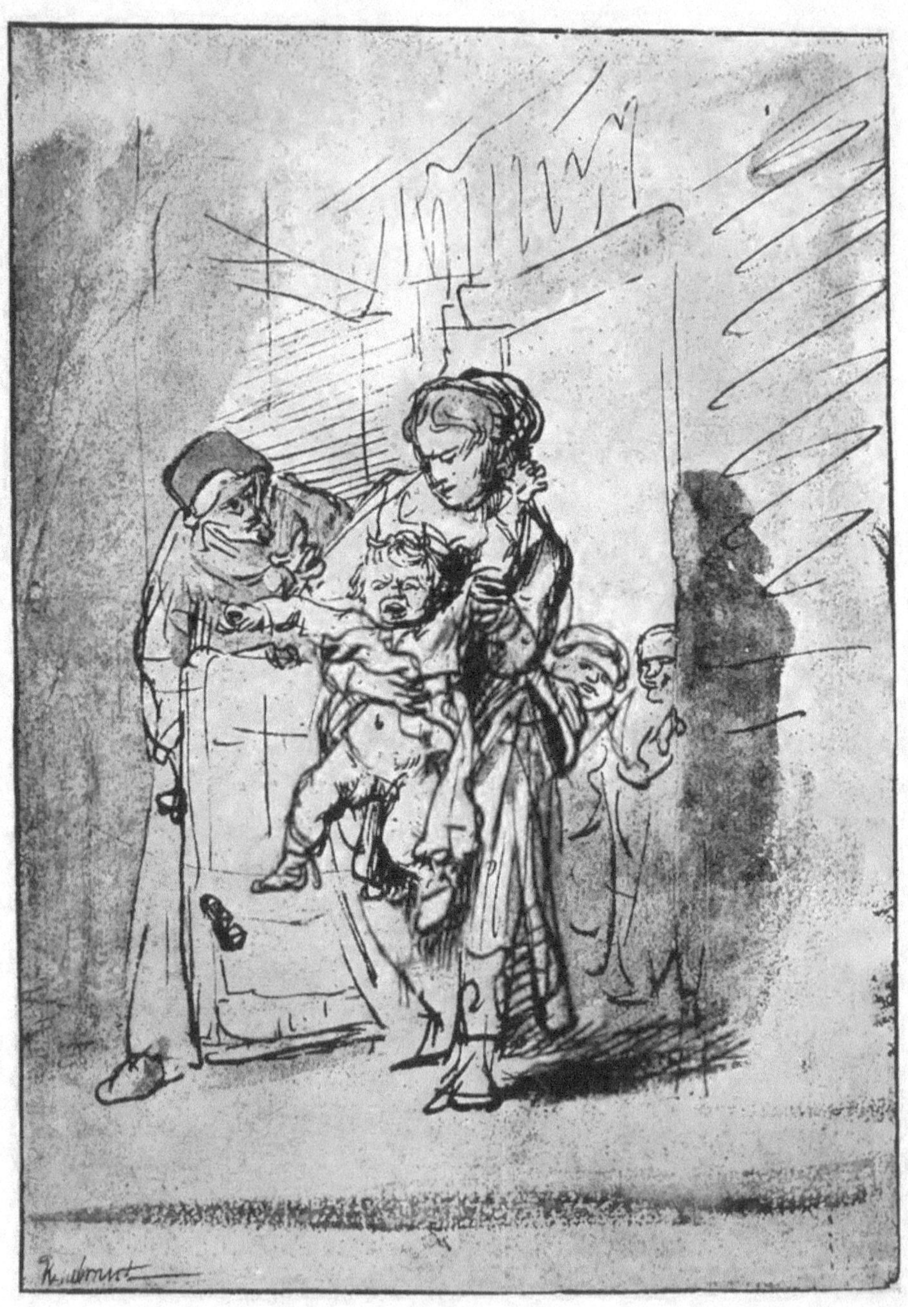

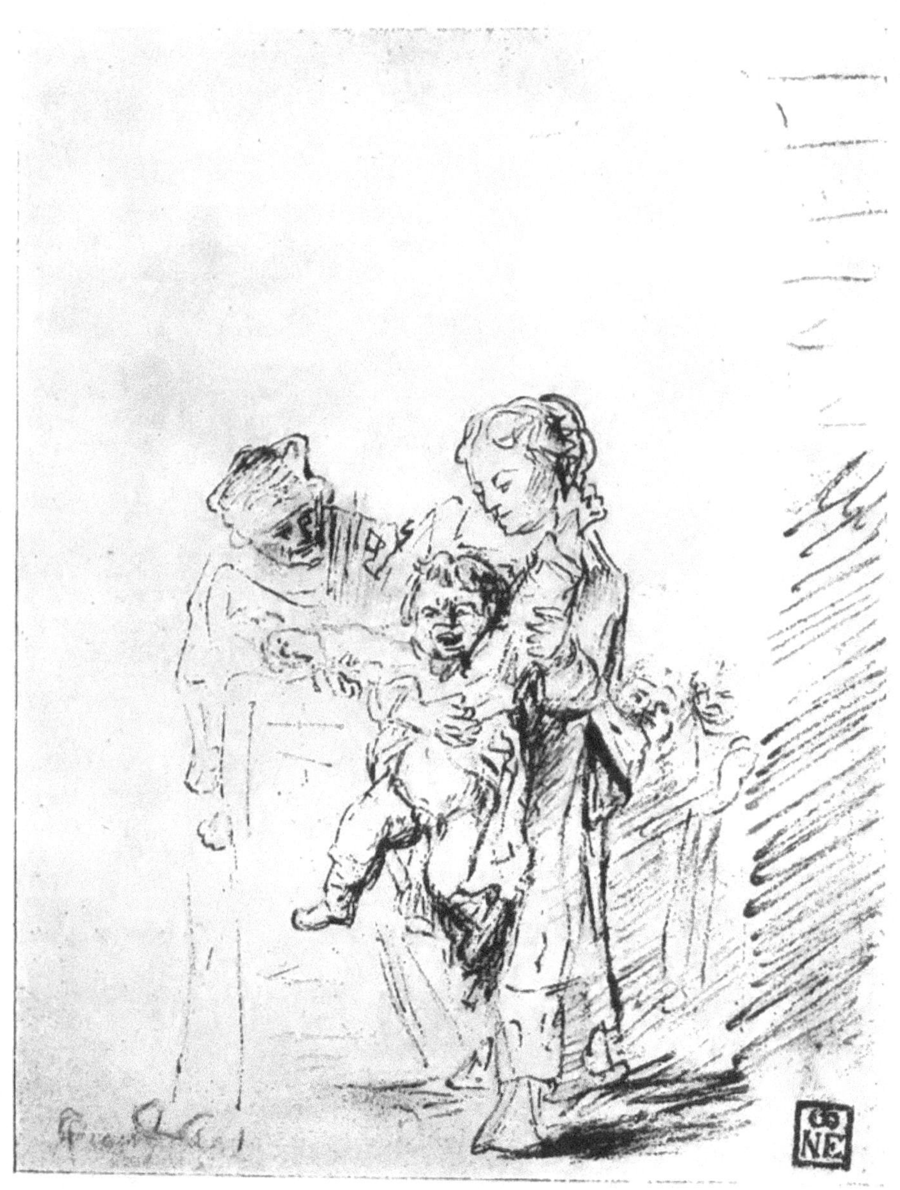

4.

Korrigierte Blätter

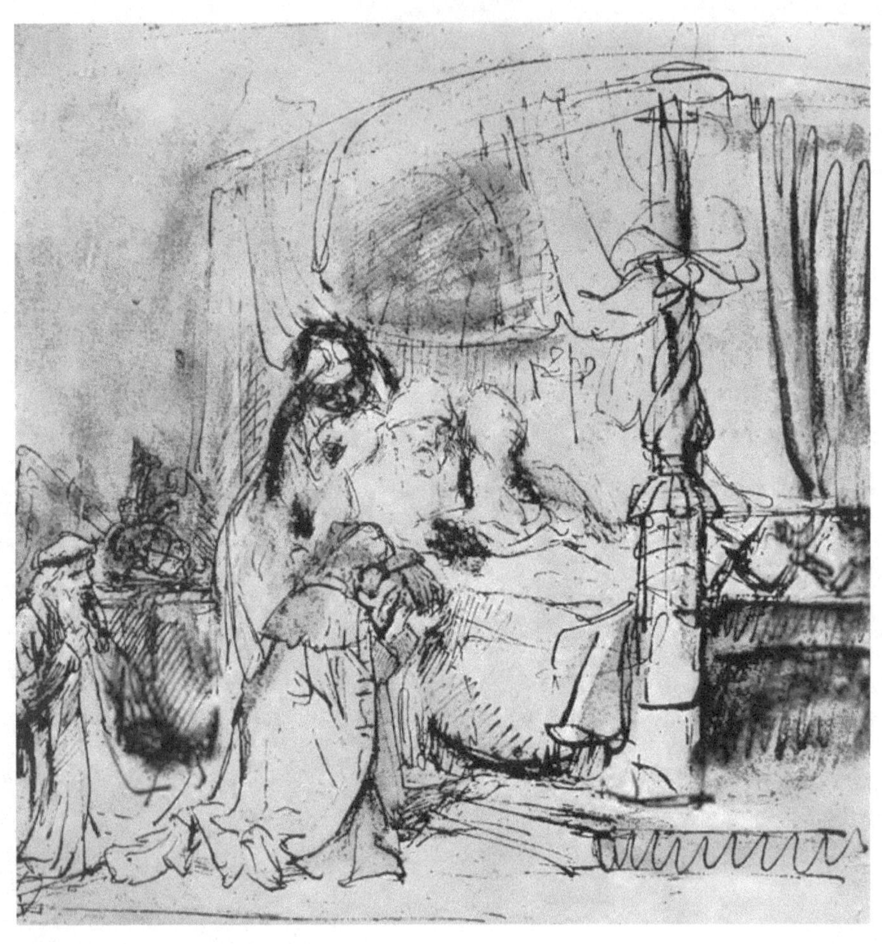

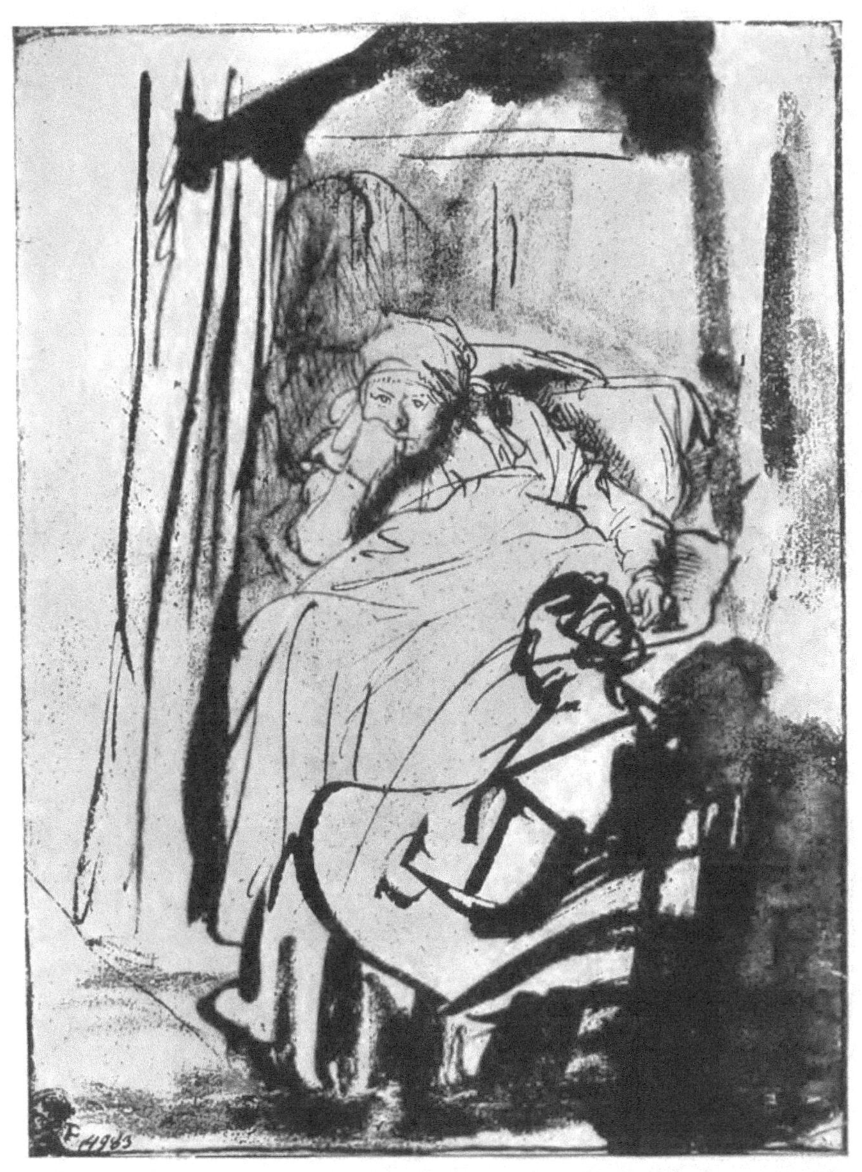

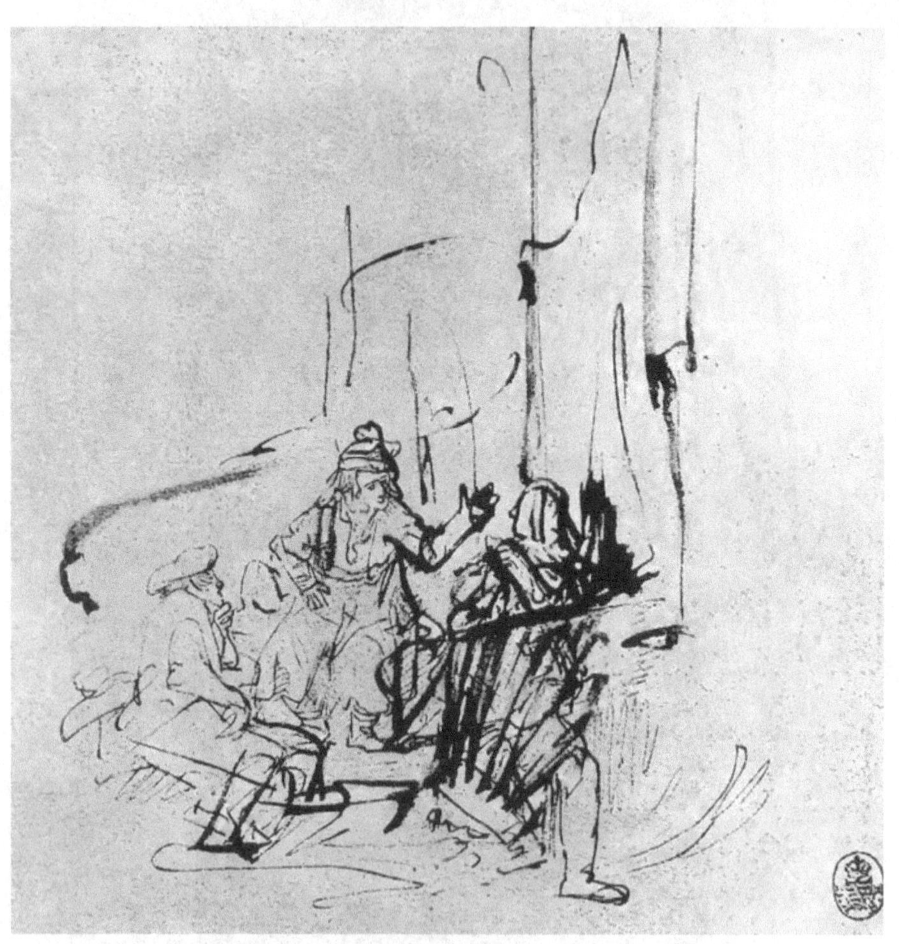

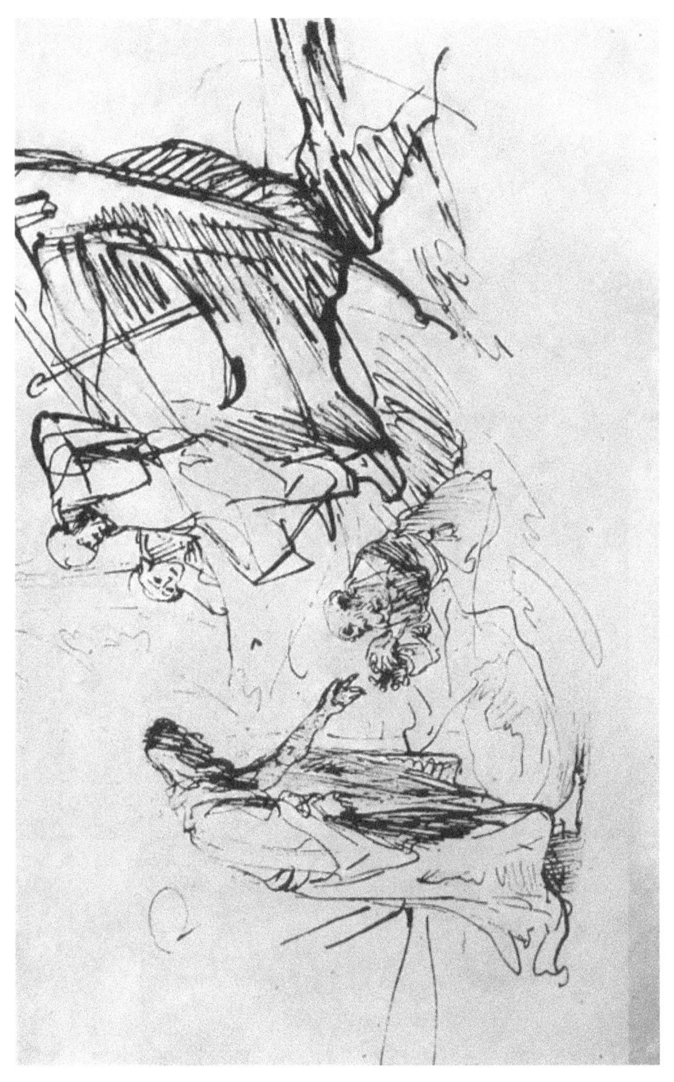

Anmerkungen

Veröffentlichungen über Rembrandt als Zeichner.

Lippmann und Hofstede de Groot, Handzeichnungen von Rembrandt Harmensz van Rijn. Faksimileausgabe in 4 Reihen. Bis jetzt 10 Bände, jeder Band mit 50 Tafeln. Groß-Folio. Seit 1888.

Vollständige Veröffentlichungen der Bestände von Zeichnungen Rembrandts liegen vor für Ofen-Pesth (von Térey), Stockholm (Kruse), Amsterdam und Berlin (Freise, Lilienfeld und Wichmann), die erste im Format der Faksimileausgabe, die andern verkleinert und in Lichtdruck. Über Teilveröffentlichungen gibt der nachher genannte Katalog von de Groot S. XLVI ff. der Einleitung Auskunft.

C. Hofstede de Groot, Die Handzeichnungen Rembrandts. Versuch eines beschreibenden und kritischen Katalogs. Haarlem 1906.

Besondere Kataloge für London, Britisches Museum, von A. M. Hind, 1915, für Stockholm von J. Kruse (1919, im Druck bei Nijhoff, Haag) und in der genannten Veröffentlichung für Amsterdam und Berlin (Lilienfeld, 1912 und 1914).

Carl Neumann, Rembrandt. 2. Ausgabe, 1905.

Carl Neumann, Aus der Werkstatt Rembrandts. Heidelberg 1918. 3. Band der Heidelberger kunstgeschichtlichen Abhandlungen.

E. Michel, Rembrandt. Paris 1893.

Max J. Friedländer, Rembrandts Zeichnungen. Zeitschrift für bildende Kunst. Neue Folge 26, 1915, S. 213 ff.

In dem gegenwärtigen Band sind die Blätter zu bestimmten Gruppen zusammengeordnet, innerhalb deren die Anordnung ungefähr chronologisch ist. Wo im folgenden Verzeichnis Maßangaben weggelassen sind, ist die Wiedergabe in der ungefähren Größe des Originals erfolgt. Bei den übrigen ist das Höhenmaß (in Zentimetern) dem Breitenmaß vorangestellt. Die Nummer am Ende jedes Bildtextes ist die des Kataloges von de Groot. Ortsangabe ohne Zusatz bezeichnet die öffentliche Hauptsammlung, also Berlin das Kupferstichkabinett, London das Britische Museum, München die graphische Sammlung, Paris die Louvresammlung usw. Bayonne bedeutet die Sammlung Léon Bonnat; Chatsworth die Sammlung des Herzogs von Devonshire.

I. Einzelstudien, meist nach der Natur. 1—45

1. Figuren. 1—16

1. Greis, im Lehnstuhl sitzend. Rote Kreide. Genaue Studie für Ausführung als Gemälde oder Radierung. Berlin. 22,8×15,8. Fehlt im Katalog de Groots.
2. Stehende Modellfigur. Schwarze Kreide. Amsterdam. 29×16,8. 1185
3. Stehende Ausdrucksfigur. Schwarze Kreide. Die Hände fast gotisch übertrieben ausdrucksvoll. Die Nummern 1—3 Frühzeit. Dresden. 25,4×19. 233
4. Schlafendes Kind im Bett. Amsterdam. 13×17,5. 1190
5. Ein Mann, der, über den Tisch gegen das Licht hin vorgeneigt, die Feder schneidet. Dem Lichtgegensatz zulieb vorn links dunkle Vordergrunddraperie. Weimar. 525
6. Ein winterlich warm angezogener Knabe mit Schreibheft und Stock. Sogenannter Leidener Schüler. Von Valentiner als Rembrandts Sohn Titus in Anspruch genommen. Bayonne. 20,5×11. 723
7. Lesender Mann im Sessel. Oben abgerundet; auf Helldunkel gearbeitet. Bildmäßig. Blatt 6 und 7 von auffällig bestimmter Umrißbegrenzung, daher in ihrer Echtheit angefochten. Paris. 627
8. Nachdenklich sinnende Frau, im Sessel nach links mit übereinandergeschlagenen Füßen sitzend, Oberkörper und Kopf herausgedreht, die linke Wange auf den Arm gestützt. Entstehung etwa Ende der 30er Jahre. London. 21,7×15,3. 1123
9. Sitzender Greis mit Stock. Auf der Rückseite Jahreszahl 1650. Dresden. 245
10. Stehender Türke mit Säbel. London. 22,2×17,1. 912
11. Alte Frau in über den Kopf gezogenem Mantel mit Redegebärde. 3 mal. Links oben eine sitzende Frau mit Tragkind als Rückenfigur und eine andere, sich dazu neigende Frau von vorn. Weimar, Goethehaus. 533
12. Dasselbe Motiv wie links auf Nr. 11, die Frau im Profil und zurückgelehnt. Dresden. 264
13. Zwei Frauen im Schatten eines Hauseinganges, eine dritte im Licht der offenen Türe. Von besonderem Interesse, weil gegen Rembrandts Gewohnheit, helle Gestalten gegen Dunkel zu setzen. Bayonne. 23,5×18,5. 739
14. Rückenfigur eines kranken oder genesenden lockigen jungen Mannes, auf den Stock gestützt und mit der Linken Anlehnung suchend. In den Kreis des Kasseler Bruyninghbildnisses gehörig? Mit der folgenden Nummer als reine Pinselzeichnung auffallend und angefochten. Der Qualität wegen des großen Meisters fast würdig. Stockholm. 19,1×10,9. 1574
15. Im Sitzen eingeschlafenes Mädchen, den Kopf auf den rechten Arm gelegt. London. 24,5×20,3. 914
16. An einer Fensterbrüstung im Sitzen eingeschlafenes Mädchen. Dunkler Grund. Stockholm. 16×17,4. 1590

2. Tiere. 17—21

17. Liegender Löwe. Bayonne. 14×20,5 751
18. Liegender Löwe. Amsterdam. 11,9×21,2. 1202
19. Elefant. Ein paar Figuren im Hintergrund. Schwarze Kreide. London. 17,7×25,5. 948
20. Liegende Löwin, ein kleines Tier in den Klauen haltend. Schwarze Kreide, mit der Feder übergangen. London. 12,7×23,8. 946
21. Daniel in der Löwengrube. Gewölbe mit vergittertem Dach; Zuschauer angedeutet. Die Gruppe des Knieenden, in den bereits gezähmten Löwen eingebettet, von großer Schönheit der Erfindung; die anderen Löwen in wechselndem Ausdruck von Wildheit bis zum Beginn des Wunders. Man hat die Hände Daniels getadelt. Aber würden Hände, die mehr als die andeutende Gebärde frommen Glaubens gegeben hätten, so weit vorn im Bild nicht ablenkend gewirkt haben? Im Haag. Sammlung H. de Groot. 22,2×18,5. 1262

3. Nackte Figuren. 22—23

22. Junger Mann in demütiger Modellhaltung mit gesenktem Kopf. Im Jahre 1913 im Kunsthandel. 20,5×8,4. 1028
23. Sitzende Frau, den Kopf mit dem Ausdruck eines verlegen dummen Lachens aufgestützt. Nr. 22 und 23 vierziger Jahre. Paris. 1031

4. Landschaften. 24—32

24. Zwei Häuser mit Strohdächern. Schwarze Kreide. Berlin. 169
25. Landstraße zu einer Stadt. Wie bei Nr. 24, auf dessen Rückseite Nr. 25 steht. Der Ausdruck der Bewegtheit an Jan van Goyen erinnernd.
26. Gehöft zwischen entlaubten Bäumen. London. 962
27. Flußlandschaft mit einem Segelboot. Nr. 26 und 27 mit sehr klarer Luft und scharfen Umrissen bis in die Ferne. Chatsworth. 848
28. Von Bäumen umwachsene Häuser. Rechts Fernblick angedeutet. Dresden. 285
29. Brückenweg zu einem Gehöft. Bewegte Bäume. Gewaschene Pinselfarbe. Bayonne. 16×29 759
30. Im Wind gebogene Bäume um Häuser, an einem großen Wasser. Ähnlich der vorigen Nummer merkwürdig weich und schwimmend. Fast Corot. Bayonne. 13,5×31,5 770
31. Häuser und Windmühle am Wasser. Von bezaubernder Leichtigkeit des die Luftperspektive angebenden Strichs. Chatsworth. 860
32. Windmühlen im Profil. Das Landschaftsmotiv von Lugt in der Nähe Amsterdams festgelegt. Spätes Blatt. Dem Federstrich auf Figurenzeichnungen ähnlich. Kopenhagen. 12×26,2. 1039

5. Bildnisse und Bildniskompositionen. 33—45

33. Jugendliches Selbstbildnis. Mit der stark einseitigen Belichtung der Frühzeit. London. 835

34. Bildnis von Rembrandts Braut Saskia van Uylenburch, datiert 8. Juni 1633. Bildmäßig oben abgerundet und unten mit einem Inschriftsockel versehen. Blumen am Strohhut und in der rechten Hand. Silberstift auf Pergament. Die eigenhändige Beischrift Rembrandts besagt: Dit is naer myn huysvrou geconterfeyt, do sy 21 jaer oud was, den derden dach als wy getroudt (verlobt) waeren. Berlin. 99

35. Rembrandts Schwägerin Titia, laut des Künstlers Beischrift. 1639 datiert. Mit der Brille auf der Nase an einer Handarbeit beschäftigt. Trefflich verkürzter Kopf. Stockholm. 1567

36. Alte Frau, aus einer dicken Kapuze, die nur das Gesicht frei läßt, herausblickend. Schwarze Kreide. Ähnliche Modelle hat der Künstler in den vierziger Jahren gern als Bibelleserinnen ausgestaltet. Dresden, Sammlung Friedrich August. 306

37. Margarethe Six, mit dem Rücken gegen das Fensterlicht an einem Tisch sitzend und lesend. Großer Vorhang quer über das Fenster gezogen. Allerhand Stilleben und Zimmerschmuck. (Vgl. Einleitung S. 17.) Von Rembrandt in das Sixsche Familienalbum gezeichnet und 1652 datiert. Amsterdam, Sammlung Six. 1237

38. Selbstbildnis, stehend. Laut Unterschrift von späterer Hand, im Werkstattkittel (soo als hy in syn schilderkamer gekleet was). Figur leicht nach links (vom Beschauer) vorgeschoben. Sehr monumental; das einzelne, auch das Gesicht, eingeordnet. Ziemlich harte Feder. Bisher Sammlung Jansen, Amsterdam. 20,3×13,4. 994

39. Ein Bildhauer, im Schurzfell mit aufgestütztem Arm am Tisch sitzend. Die Variante zu der Büste auf dem Tisch, jenseits des umränderten Gemäldeentwurfes angegeben, — einmal antikischer Helm, einmal eine Art burgundischen Kopfschmuckes —, läßt annehmen, daß dieses Attribut der Büste etwas für den Beruf des Dargestellten wesentliches war. Rotterdam. 14×17. 1357

40. Gemäldestudie eines Herrenbildnisses, etwas schräg gestellt. Hände unsichtbar. Paris. 24,7×19,2. Also hier stark verkleinert. 632

41. Ebenso. Frontstellung. Verdeckte Hände. Am Hut stark korrigiert. Amsterdam, Sammlung Six. 23,2×19,4. 1236

42. Bildnisgruppe. Die Zeichnung sehr beschädigt; rechts, wie das Stück Hutkrempe zeigt, abgeschnitten und der Rest nachträglich oben ins Runde geformt. Entgegen der üblichen Bezeichnung als Studie für die linke Seite der Wardeine der Tuchmacher, hat Saxl sie für die linke Seite der nächsten Nummer 43 in Anspruch genommen. Berlin. 17,1×20,5. 101

43. Anatomie des Doktor Deyman. Doppelt wichtig, weil das zugehörige Gemälde von 1656 durch Brandunglück verstümmelt ist. Der von Rembrandt entworfene Rahmen und die innere Gliederung des Bildes durch den starken Mittelpfeiler zeigen die Absicht, die Einzelbildnisse zur Totalwirkung zusammenzufassen. Amsterdam, Sammlung Six. 1238

44. Junger Mensch, wie Saskia mit Blumen in der Hand. Nach Valentiner Titus, Rembrandts Sohn. Paris. 634

45. Studie zu der Bildnisfigur links auf dem Gemälde der Wardeine der Tuchmacher. Die Füße, da sie für den Abschnitt des Bildes nicht in Betracht kamen, weggelassen. Arm und Hut sind korrigiert; Stuhl anders gedreht. Amsterdam. 19,4×15,9. 1180

II. Kompositionen. 46—81

1. Ausdrucksköpfe und Kleinkomposition. 46—54

46. Rechts Frau mit Brustkind, dreimal abgewandelt. Fünf männliche Köpfe verschiedener Größe. Noch einer am unteren Rand in Rötel. Früher Sammlung Heseltine, aber nicht in der Mullerschen Versteigerung 1913. 22×23,3. 1024

47. Zusammengeklebtes Blatt verschiedener Halbfiguren und Köpfe. Untere Reihe vielleicht Studien für die Geschichte von Philemon und Baucis. Berlin. 17,7×18,4. 159

48. Zuhörer (für eine Täuferpredigt). Berlin. 85

49. Zwiegespräch in einer Judengasse. Die Gestalt rechts auf dem Absatz einer dem Haus vorgebauten Treppe höher stehend, und dieser Niveauunterschied auch im Temperament der beiden Figuren wiederkehrend. Das Blatt auch als Samariterszene gedeutet. Stockholm. 20,8×17,9. 1609

50. Kirchenvater studierend. Die Amtstracht an der Wand hängend. Chatsworth. 832

51. Orientale, auf einem Stock gestützt, einer Stufe zuschreitend. Links ein Thronsessel. Dresden. 19,5×24. 230

52. Danksagung des Jonas? Dresden. 234

53. Simson, den Löwen bekämpfend. Dresden. 17,7×26 203

54. Der Engel und Tobias, der sich über den Fisch zu erschrecken scheint. Dresden. 207

2. Große Historie. 55—81

55. Kreuzschleppung. Die ohnmächtig liegende Mutter sowie die herzuspringenden Frauen sind italienische Stoffe (wie vielleicht auch die stillenden Mütter, Nr. 46). Sehr wirksam die voranschreitende Kulissenfigur am linken Rand mit ihrem Schlagschatten zum Zurücktreiben der Hauptdarstellung. Berlin. 14,5×26. 71

56. Beweinung Christi. Sehr wirksame Gegenüberstellung der von Kreuz und Leiter kommenden Vertikallinien der stehenden Figuren und der leidenschaftlich bewegten unteren Horizontalschicht. (Vgl. übrigens zu Nr. 55 und 56 unsere Einleitung S. 16.) Berlin. 17,5×15,4. 75

57. Entführung des Ganymed. Entwurf zu dem Gemälde gleichen Gegenstands von 1635 in Dresden. Der Entwurf gibt am unteren Rand die verzweifelten Eltern an, den Vater mit der Armbrust nach dem Adler zielend. (Vgl. unsere Einleitung S. 10.) Dresden. 18,3×16. 241

58. Übersetzung von Leonardos Abendmahl. Rötel. Indes die Gruppenbildung der Vorlage beibehalten ist, hat Rembrandt zur Verdunkelung des Hintergrundes und als Folie für den Lichtschein um Christus einen Baldachin aufgebaut. Die ganze Zeichnung ist, wie auch in der Verkleinerung an dem doppelt gezeichneten Christ zu sehen ist, nachträglich korrigiert worden. Dresden. Sammlung Friedrich August. 26,5×47,5. 297

59. Abendmahl. Die Übersetzung von Leonardo ins Rembrandtische ist fortgeschritten. Das italienische Gebärdenspiel und Gruppenwesen stark abgeändert. Bezeichnet und 1635 datiert. Berlin. 12,6×38,4. 65

60. Studie für den schlafenden Jakob, 1. Moses 28, 11. Siehe die Bemerkung zur folgenden Nummer. Berlin. 25

61. Der gleiche Gegenstand mit Engelsleiter. Der zeitliche Abstand dieses Blattes vom vorigen mag 10 Jahre sein. Bezeichnender Unterschied in der Auffassung Jakobs. Gegen den schnarchenden Rüpel und seinen eckenreichen Umriß jetzt die geschönte Haltung. (Vgl. Einleitung S. 18.) Ein Unterschied des Stils, fast dem zwischen Goethes Götz und der Iphigenie vergleichbar. Berlin. 20×19,1. 26

62. Der gleiche Gegenstand, aber, wie ich glaube, nicht Rembrandts Hand. Die Gestalt des Schlafenden entbehrt als Zeichnung des einheitlich lebendigen Flusses von 60 und 61. Sie ist stückweise dem Modell nachgezeichnet. Auch an andern Stellen ist das ausführende Verweilen bei Einzelheiten verräterisch. Der Gegenstand war Schulaufgabe in der Werkstatt Rembrandts (Gemälde von Bol, Eeckhout). Paris. 23,6×19,8. 591

63. Verkündigung über die Geburt Simsons. Die Eltern verehren den entschwebenden Engel. Eine der Varianten zu dem Dresdener Gemälde von 1641. Die französische Inschrift, die den Gegenstand anzeigt, ist von Crozat (XVIII. Jahrhundert). Die Nummern 63 bis 67 sind Beispiele der mittleren Periode; mit dem Pinsel gewaschen und auf Helldunkel entwickelt. Stockholm. 23,3×20,1. 1546

64. Landschaft, wegen der Helldunkelbehandlung hier eingereiht. Haus mit Vorbau auf hölzernen Stützen. Mächtige Bäume links. Bezeichnet: Rembrandt 1644. Gilt als die umfangreichste Zeichnung des Meisters. Im Jahre 1913 von der inzwischen aufgelösten Kunsthandlung Gutekunst in Stuttgart erworben, vermutungsweise für Baron Rothschild in Paris. 29,8×45,2, also hier um die Hälfte verkleinert. 1049

65. Ankunft des barmherzigen Samariters mit dem Verwundeten vor der Herberge. Nachtstück. In Beziehung zu dem Louvregemälde von 1648. Ebenso die folgende Nummer, bei der weiteres bemerkt ist. London. 18,4×28,7. 885

66. Gleicher Gegenstand. Von Interesse die verstärkte Verkürzung des Pferdes, das, auf Nr. 65 als Lichtschirm verwendet, breiter hingestellt war. Die Ausfüllung der rechten Ecke durch eingestellte Pferde weggelassen und die ganze Bildproportion verändert. Rotterdam. 21×31,5. 1350

67. Nächtliche Verkündigung an die Hirten. Zelte, vorn aufgeschreckte Kühe. München. 16,8×24,2. 373

68. Gott, von zwei Engeln gestützt, erscheint Abraham, die Geburt eines Sohnes zu verkündigen. Nach alter theologischer Überlieferung werden die drei Erscheinenden als alttestamentliches Gegenstück der Dreieinigkeit gedeutet. Daher die Taube, die aus dekorativen Gründen stark vergrößert ist. Die Bildung der Dreiergruppe nicht ganz auf Rembrandts eigenem Boden gewachsen. Dresden. 19,7×26,6. 197

69. Evangelische Parabel vom Herrn und Arbeiter. Dem Schülerkreis nahestehend. Bayonne. 17,5×21,7. 694

70. Episode aus der Flucht nach Ägypten. Maria, das Kind im linken Arm tragend, wird am rechten Arm von Joseph gestützt, um eine steile Wegböschung hinabzugelangen. Der gesattelte Esel links vorn. Die Haltung Josephs von höchster Zartheit des Ausdrucks. Berlin. 19,4×24,2. 53

71. Der Jesusknabe unter den Schriftgelehrten im Tempel. Bei gemeinsamem Ausgangspunkt im Stil, von modernen Lösungen (Menzel, Liebermann) recht verschieden. Bayonne. 19×25,7. 686

72. Der Auferstandene, Thomas und Jünger. Die rechte Seite im Aufbau ziemlich akademisch rezeptmäßig; etwas zweifelhaft. München. 19,8×30,7. 393

73. Derselbe Gegenstand, auf die Zwölfzahl der Jünger beschränkt. Die Verkleinerung des Formats in der Wiedergabe versüßt leicht den Ausdruck. Amsterdam. 17,6×27,1 1175

74. Der wunderbare Fischzug. Von größter Wirkung der Gegensatz der stehenden Majestät Christi und der teils demütig gebeugten, teils unter der Last des Ziehens sich abarbeitenden Fischer. Das Räumliche rein aus der Wölbungslinie des Segels herausgeholt. Paris, Sammlung Gay. 18×19,2. 778

75. Der Gekreuzigte. Kühn durch die nichtsymmetrische Anordnung und die ausdrucksvolle Leerheit der linken Seite. Weimar. 18,8×23,5. 520

76. Innenraum eines Gehöftes mit der Rückkehr des verlorenen Sohnes. In der Hauptgruppe korrigiert. Dresden. 18,8×26,7. 218

77. Taufe Christi durch Johannes. Zu bemerken, daß fast alle Figuren bekleidet sind, während die akademische Haarlemer Schule (z. B. Cornelius Cornelisz) aus dieser Darstellung eine Parade nackter Körper zu machen pflegte. Dresden. 16,5×25,5. 214

78. Antikischer Stoff. Diana in einem Waldsee mit ihren Nymphen badend, unter hohen Bäumen, wird von Aktäon überrascht. Dieser zur Strafe in einen Hirsch verwandelt. Als Komposition mit Nr. 41 (Anatomie des Dr. Deyman) zu vergleichen, die Baumstämme als starke Mittelachse. Dresden. 24,6×34,7. 240

79. Petrus weist laut Apostelgeschichte 9, 40 die Trauernden hinweg, um die tote Tabea aufzuerwecken. Dresden. 19×27. 229

80. Entwurf einer Malerei wie Nr. 81 mit Licht- und Schattenverteilung. Beschneidung Christi. Der Hintergrund verbaut wie auf der folgenden Nummer. München. 23,3×20,3. 377

81. Szene aus dem holländischen (batavischen) Unabhängigkeitskampf gegen die Römer. Verschwörung des Civilis, Gastmahl und Eidesleistung. Entwurf für das große Gemälde Rembrandts, für das neue Amsterdamer Rathaus bestimmt. Aus unbekannten Gründen nicht abgenommen. Das Mittelstück, die Figurenreihe, in ausgeschnittenem Zustand erhalten in Stockholm, im Jahre 1661 gemalt. (Vgl. C. Neumann, Aus der Werkstatt Rembrandts.) München. 19,6×18. 409

III. Zur Kritik. 82—87

1. Original und Kopie. 82—83

82. Das unartige Kind. Siehe die Bemerkungen zu Nr. 83. Berlin. 140

83. Die nämliche Darstellung. Nicht von Rembrandt. Ofen-Pesth. 1386

Erstaunlich, daß in der Bewertung von Qualität die Autoritäten uneins sind. Die Beweisgründe für und wider findet man von J. Springer (gefallen am 13. August 1915), Amtliche Berichte aus den Königlichen Kunstsammlungen, 31 (1909/10) Sp. 152 ff., und H. de Groot, Oud Holland, 30 (1912), 65 ff., und Katalog der Zeichnungen, Einleitung S. XXV, entwickelt. Ohne hier auf die Einzelunterschiede der beiden Blätter einzugehen, genügt eigentlich die Vergleichung, wie die Bewegung des Widerstands der Mutter gegen den strampelnden Knaben ausgedrückt ist. In Ober- und Unterkörper gibt sie das Berliner Blatt einheitlich und lebendig; die Ofen-Pesther Zeichnung läßt eine stückweise arbeitende und deshalb leblose Zeichenweise erkennen. (Vgl. was wir zu obiger Nr. 62 gesagt haben.) Ebenso ist hier der Ansatz der Ärmchen des Kindes und der Gesichtsausdruck der Mutter geringwertig.

2. Zeichnungen mit späteren Korrekturen. 84—87

84. Sterbeszene. Einsetzung Salomos als Nachfolger König Davids? Der Vorderpfosten des Bettes, dessen ursprüngliche Gliederung noch zu erkennen ist, ist überzeichnet, und damit eine neue Raumwirkung erzielt worden. Chatsworth. 21,8×20,5. 830

85. Frau, das Bett hütend. Die sitzende Frau am Fußende und der Vorhang später hinzugefügt, um ein stärkeres Vor und Zurück zu erreichen. München. 22,9×16,6. 418

86. Der Joseph des Alten Testamentes, mit dem Bäcker und Schenken eingesperrt, deutet ihre Träume. Figuren des Vordergrundes stark abgeändert. Dresden. 19,7×19. 201

87. „Hilf, Herr, ich versinke." Das Schiff ursprünglich mehr parallel zur Bildebene gegeben; dann zu heftiger Tiefenwirkung verkürzt darübergezeichnet; die Figur des Heraussteigenden entsprechend korrigiert. Eine zweite, aber einheitliche späte Fassung des gleichen Gegenstandes jetzt auch in London, Katalog Nr. 1120. London. 16,8×26,5. 882

IV. Dem Text beigegebene Bilder

Einleitung

Anmerkungen

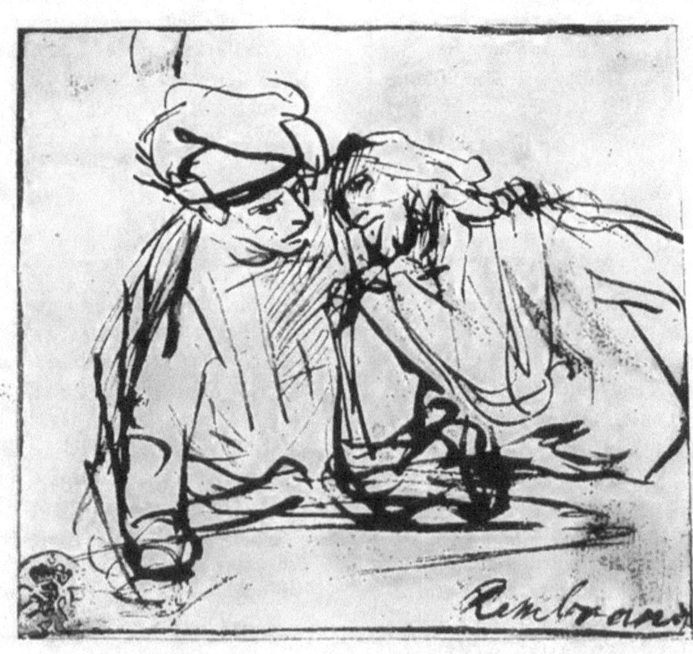

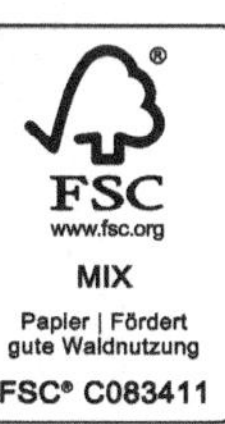

Zeitfracht Medien GmbH
Ferdinand-Jühlke-Straße 7
99095 Erfurt, Deutschland
produktsicherheit@kolibri360.de